Doenças da Alma têm Cura

ADELIRES ALBUQUERQUE

DOENÇAS da ALMA têm CURA

Ágape

São Paulo, 2018

PREPARAÇÃO: Fernanda Guerriero Antunes
REVISÃO: Patrícia Murari
CAPA: Brenda Sório
DIAGRAMAÇÃO: Rebeca Lacerda
AUXILIAR DE PRODUÇÃO: Bruna Casaroti

EDITORIAL
Jacob Paes • João Paulo Putini • Nair Ferraz
Rebeca Lacerda • Renata de Mello do Vale • Vitor Donofrio

AQUISIÇÕES
Cleber Vasconcelos

Texto de acordo com as normas do Novo Acordo Ortográfico da Língua Portuguesa (1990), em vigor desde 1º de janeiro de 2009.

Dados Internacionais de Catalogação na Publicação (CIP)
Angélica Ilacqua CRB-8/7057

Albuquerque, Adelires
Doenças da alma têm cura / Adelires Albuquerque. --
Barueri, SP : Ágape, 2018.

1. Problemas emocionais - Aspectos religiosos 2. Vida espiritual
3. Cura 4. Emoções - Equilíbrio - Aspectos religiosos 5. Vida cristã
I. Título

18-1953 CDD 248.86

Índice para catálogo sistemático:
1. Cura - Aspectos religiosos 248.86

EDITORA ÁGAPE LTDA.
Alameda Araguaia, 2190 – Bloco A – 11º andar – Conjunto 1112
CEP 06455-000 – Alphaville Industrial, Barueri – SP – Brasil
Tel.: (11) 3699-7107 | Fax: (11) 3699-7323
www.editoraagape.com.br | atendimento@agape.com.br

[...] Deus escolheu as coisas loucas do mundo para confundir os sábios; e Deus escolheu as coisas fracas do mundo para confundir as fortes.

(1Co 1:27)

Gostaria de agradecer primeiramente a Deus, a Seu filho amado, Jesus Cristo, e ao lindo Espírito Santo, os quais sempre estiveram comigo nas horas mais difíceis da minha vida, guardando-me e permitindo grandes experiências.

Ao meu esposo, Edeclaudio, que sempre me apoiou, e aos meus filhos Cristian, Nicolas e Ana Gabriela, que são bênçãos em minha vida. Ao meu amado neto, Arthur, e aos meus pais, Dona Alzira e Seu Delci, pessoas de fibra que sempre nos amaram e lutaram para nos dar o melhor desta terra.

Aos meus amados irmãos Giaci, Inglacir, Alaides, Elenice e Cleonice, e aos meus sobrinhos. Família incrível que eu amo tanto.

PREFÁCIO

O livro *Doenças da alma têm cura* oferece ao leitor um relato fascinante das vivências da autora, de um modo bem leve, repleto de histórias, correlacionando o dualismo de corpo e alma. Muitas de nossas atitudes hoje, da atualidade, são reflexos dos acontecimentos do passado.

A vida moderna tem trazido muitas doenças psicossomáticas. Segundo a Organização Mundial de Saúde (OMS), estima-se que, em todo o mundo, mais trezentas milhões de pessoas, de diferentes idades, sofrem com algum tipo de transtorno mental. A cada dia se observa que mais de noventa por cento de nossas doenças físicas têm origem na "psique" – palavra de origem grega que tem como significado "alma". Sendo assim, somos nós os verdadeiros responsáveis por nossas doenças.

Assim como a história de Adelires, existem milhares de pessoas que passam pelos mesmos conflitos e buscam por respostas para as doenças físicas ou até mesmo por um culpado. Querendo achar algo concreto para se apoiar, vejo casos semelhantes em meu consultório, pessoas em sofrimento psíquico, o que, infelizmente, tem se tornado rotineiro, pessoas ansiosas que antecipam seu sofrimento com o mecanismo da autossabotagem. A influência do futuro na vida de um ansioso é tão intensa, que obscurece sua capacidade de focar no presente: essa é a maior sina que ele tem de suportar.

Pessoas com "um vazio", somatizando a sobrecarga do dia a dia e transformando esses sentimentos e emoções reprimidos em doenças com sintomas físicos. A doença em sua essência, sendo o resultado do conflito entre corpo e alma.

Essas pessoas estão em uma luta contra si mesmas diariamente, e não conseguem, ou não querem se permitir, enxergar e perceber suas emoções. Estão lutando não com armas ou equipamentos militares, mas com suas forças inconscientes para combater a ignorância e o preconceito. O principal inimigo a ser combatido somos nós mesmos.

"No final da conversa ela me encaminhou a uma psicóloga e a uma psiquiatra. Quando olhei para o encaminhamento, fiquei muito perturbada porque foi como se eu tivesse tido um choque, e no meu pensamento vinha a seguinte frase: então não estou doente, estou ficando louca! E em prantos me direcionei para a saída do hospital, onde meu esposo me esperava."

A doença é uma grande oportunidade de crescimento emocional e espiritual, manifestada no corpo, através de seu simbolismo e sua realidade tangível.

O que nunca podemos esquecer é que um corpo, para ser saudável, precisa de uma mente equilibrada, e os dois precisam estar em harmonia para sermos seres completos e plenos.

A autora mostra que esse dualismo precisa estar em comunhão com Deus, se não todo o corpo pode padecer. Mostra-nos que que Deus tem todas as respostas, Ele conhece nossas dificuldades, os medos, a ansiedade, as aflições... Ele nos dará consolo, cura, sabedoria, esperança, libertação e restauração em nossa vida e nos ajudará a lidar com cada situação que tenhamos de enfrentar.

Todos os seres humanos são cheios de limitações e fadados ao erro, sabemos disso, não adianta fingir não vê-las, o melhor é aceitá-las. Uma vez que aceitamos nossos medos, defeitos e nossas incertezas, paramos de fugir e começamos a confrontar as verdades mais dolorosas, abrimo-nos para um novo mundo de descobertas e certezas.

Recebi com alegria o honroso convite da inestimável pastora para dar uma olhada nos originais. Assim, pude, antes do leitor maravilhar-me com o que esses escritos.

Natália Pereira da Silva.
Psicóloga atuante na Saúde Indígena
no Estado de Rondônia.

"Meu inconsciente cria fantasias que minha mente sã nunca ousaria imaginar." (Sigmund Freud)

SUMÁRIO

INTRODUÇÃO

Os pés de laranjeiras, plantados em fileiras com suas flores brancas, davam os sinais do outono – época de que eu mais gostava – e já indicavam os primeiros frutos. Corríamos como gazelas saltitantes em busca dos que primeiro amadureciam; e eram tão abundantes. Com esses frutos começava aquele friozinho, principalmente ao entardecer. Impossível esquecer.

No entanto, esse frio iria aumentar e trazer consigo os ventos fortes que assoviavam na janela. O cheiro maravilhoso de chá quente com pão caseiro assado no forno de barro, enquanto lá fora as folhas eram levadas ao vento e a densa neblina caía, marcava o cenário simples de inverno rigoroso em um lugarejo chamado Rio Liso, no interior do Rio Grande do Sul.

De origem italiana, meus pais eram agricultores e plantavam em solo bastante íngreme, característica daquela região. Morávamos em uma colônia, numa casa com porão e sótão, tudo muito simples, mas bem aconchegante, principalmente em volta do fogão a lenha, que esquentava o ambiente e era o nosso lugar preferido de estar.

Criada em um lar com mais quatro irmãs e um irmão, eu era a filha do meio. Vivíamos divertidamente em meio a brincadeiras de criança, coisa que pouco se vê entre a criançada da atualidade, como pega-pega, esconde-esconde, balanço, boneca e comidinha. Era encantador. Éramos extremamente tímidos e não tínhamos muito contato com a cidade.

Aproximadamente aos seis anos de idade, saí da área rural com minha família e nos mudamos para a cidade de Erechim, onde meu pai adquiriu uma casa de madeira em um bairro bem localizado. Moramos lá durante muitos anos, até que ela foi derrubada para que, no mesmo local, construíssemos outra de alvenaria.

Essas lembranças e experiências importantes – ocasiões boas, vivência em família, casa dos avós –, assim como acontece com todas as pessoas, foram registradas em minha memória. Por exemplo, lembro-me de que meu avô pintava minhas unhas de cor-de-rosa e depois mandava que eu assoprasse para secá-las. No entanto, também existem aqueles momentos e situações que nos marcam negativamente e que interferem em nossa vida adulta, fazendo de nós pessoas inseguras e medrosas, com baixa autoestima. Assim como uma esponja absorve a água e a retém, a nossa alma o faz com todos os acontecimentos, desde nossa infância e adolescência até a fase adulta. Muitas de nossas atitudes hoje são reflexos dos acontecimentos do passado.

Minha vida mudou quando fui morar na cidade, pois fui crescendo em um meio familiar conturbado. Na maioria dos fins de semana, sempre apreensivos e cheios de pavor, meu pai ingeria bebida alcoólica e seu comportamento violento fazia com que estivéssemos sempre preparados para guardar todos os objetos pontiagudos como faca, facão ou qualquer outro item que pudesse de alguma forma nos ferir, pois nunca sabíamos o que iria acontecer. Uma coisa, porém, era certa: nunca era bom. Os fins de semana para nós, portanto, eram desastrosos.

Meu pai era um autêntico italiano de mãos grossas, pele branca com manchas avermelhadas, desprovido de qualquer demonstração de delicadeza, mas sempre soubemos que ele nos amava. Sua forma bruta de se expressar, contudo, revelava uma pessoa sem cultura e conhecimento. Aparentemente calmo em seu comportamento, quando estava lúcido era um homem calado, dócil, companheiro, contador de piadas, porém a bebida tornava sua maneira de ser extremamente agressiva e violenta. Dentro de casa, costumava ser pacato, sem muitas demonstrações de carinho, afeição ou qualquer outra atitude que nos transmitisse segurança, amor, afeto. Na sua forma rude, ele nunca deixou de nos amar, o que ele não aprendeu era expressar esse amor de forma carinhosa. As pessoas somente fazem aquilo que aprenderam...

No lar em que cresci, portanto, "minha mãe", a Dona Alzira (forma carinhosa como eu a chamo até hoje), era e é colérica em seu comportamento. Uma mulher de muita garra, fibra, abnegada, trabalhava muito e sempre teve de administrar o pouco que tinha. Criou seis filhos, conseguiu manter o casamento, era a mandachuva autoritária, muitíssimo ansiosa, estressada e um pouco implicante. No entanto, sempre foi íntegra e honesta, desejosa de ver seus filhos bem e unidos.

Aos nove anos de idade, comecei a trabalhar como babá, auxiliando a cuidar de uma criança aqui e acolá. Logo fui ajudar as vizinhas de minha mãe a lavar as calçadas e aprendi a tomar conta de casa.

Eu e meus irmãos crescemos sabendo que precisávamos ajudar em casa com o salário que ganhávamos, pois éramos pobres, e meu pai, com sua profissão de pedreiro, tinha muita dificuldade de manter seis filhos.

Aos doze anos, fui tirada da escola e passei a cuidar de uma casa de trezentos metros quadrados, além de ser ama de companhia de uma senhora de mais de setenta anos e de sua filha de quarenta, que era professora. Trabalhava como empregada doméstica e dormia no emprego, fato muito comum na época. Meu desejo era de que eu pudesse voltar a estudar, pois sabia que a única forma de mudar o quadro da minha vida seria completando meus estudos, tendo uma profissão e trabalhando muito. Tive que sair daquela casa, pois lá me impediam de estudar. Era lamentável que uma delas, sendo professora, abolisse o direito de uma criança ter acesso à educação. Naquela casa eu me tornei mocinha, época em que ainda nasciam os últimos dentes na minha boca.

Fui então trabalhar e morar em outra casa de família como doméstica, onde fazia todo o trabalho durante o dia para, à noite, poder estudar. O cansaço diário tomava conta de mim e todos os dias, quando voltava da escola, tinha de deixar a cozinha limpa e a casa arrumada, pois às seis horas da manhã eu novamente levantava da cama e começava tudo de novo. Eu chorava porque sentia saudade de casa, de minhas irmãs, da família. Eu queria que minha vida fosse diferente, mas não conseguia sair daquele lugar, largar aquele emprego, voltar para casa. Algo me dominava e eu somente ia visitar minha família no domingo após o almoço, retornando à noite.

Nos anos de minha adolescência, sofri violências e assédios morais, sexuais e físicos. Muitas noites eu chorava até quase desfalecer, pedindo ao Senhor que mudasse a minha vida. Clamava a um Deus que eu não conhecia, mas acreditava que em algum momento poderia estar me escutando. Exausta, então, eu ia dormir. Sentia a canseira descer para o colchão e novamente as lágrimas corriam dos meus olhos até eu adormecer. Trabalhei de doméstica em vários lugares até os dezessete anos.

Aos dezoito anos mudei-me para a cidade de Vilhena, em Rondônia, onde morei e tive um relacionamento que durou seis anos e do qual nasceu meu filho, Cristian. Já com vinte e quatro anos, meu desgastado casamento se encerrou, pois não suportava mais o sofrimento, as traições e as mentiras que faziam parte do cotidiano.

Uma amiga querida me visitava muito e na época frequentava uma Igreja Evangélica. Com sua fé viva, ela começou a estimular a minha fé e a pregar o Evangelho de forma simples. E fui crendo que havia solução para os meus problemas, porque fui em busca de Cristo: a princípio, para resolver meus dramas, meus problemas, minhas dores. E realmente eu estava no fundo do poço, não via saída para as minhas dificuldades. Conforme ouvia as pregações, os ensinamentos e aqueles louvores que acalentavam a minha alma, verdadeiramente me converti de todo o meu coração e quis servi-Lo.

Converti-me ao Evangelho do Senhor Jesus Cristo e frequentava a igreja pelo menos três vezes na semana. Quando meu filho tinha nove meses e eu estava separada, moramos nós dois em uma casa simples de madeira, porém em um ótimo bairro da cidade.

O salário que eu recebia na época como funcionária pública era razoável e supria nossas necessidades básicas. Meu filho, sempre doente, com febre e resfriados fortíssimos e infecções de garganta, ajudava a consumir o pouco que sobrava. Eu possuía um fusca velho, que vivia quebrando, e passávamos muitas dificuldades.

Minha personalidade é de comportamento sanguíneo, ou seja, sou uma pessoa agitada, com muita energia, vivendo intensamente, sem preguiça, fazendo tudo o que vem à mão. Sempre me relacionei bem com tudo e com todos, porém extremamente ansiosa, muito mesmo!

Devido aos abusos nos trabalhos em minha infância e adolescência, sempre com metas, obrigações, tarefas a cumprir, eu desenvolvi três tipos de ansiedade, sobre as quais falarei posteriormente.

Permanecer em Vilhena sem nem um parente ou aderente me trouxe alguns benefícios, pois, além de não ter interferências em minha vida e de ter amadurecido, não precisava dar satisfações a ninguém. O ruim disso tudo é que eu vivia muito solitária sem ter alguém com quem contar ou buscar socorro, sem visitar amigos e muito menos ser visitada.

Conforme Cristian ia crescendo, as necessidades iam aumentando, pois, além das despesas pessoais, precisava pagar uma babá para que ficasse com ele a fim de que eu pudesse trabalhar. Cada dia que passava eu vivia mais estressada, mais preocupada e apavorada porque o salário que eu recebia não supria as nossas necessidades. Então cada dia que passava eu ficava mais ansiosa e mais agitada. Eu buscava formas de levantar recursos para ajudar na manutenção da casa, porém eram frustrantes porque nunca fui boa em vendas, cobrança e na economia privada. Quando eu olhava para a geladeira e para a cesta de frutas e percebia que os mantimentos estavam acabando, simplesmente meu coração batia mais forte, as mãos suavam, sentia fraquezas e me desesperava.

Orava muito, fazia campanhas intermináveis de jejum e oração, a fim de que Deus me abençoasse e me fizesse prosperar, tirando-me da escassez em que eu vivia. E eu colocava tudo nas mãos do Senhor, que me dizia que somente bastava que eu confiasse Nele, que Ele mesmo estaria cuidando de mim e suprindo tudo. E era isso que, de fato, eu deveria fazer, porém a insegurança repentinamente tomava conta de mim e lá estava eu desesperada novamente, porque não descansava em Deus. E Ele, que é um Deus de amor e sabe que temos muitas necessidades, tem prazer em nos abençoar.

Não me apresentaram esse Deus de amor que conheço hoje, um Deus que cuida, que tem prazer em abençoar Seus filhos, que faz de tudo para nos fazer feliz, que quer nos levar para vivermos juntos na Eternidade. Na verdade, apresentaram-me um Deus castigador, que cobra, que corrige (e de fato tem de corrigir), que está em Seu alto e sublime trono com um chicote nas mãos, esperando que Seus filhos cometam alguma transgressão para que possa castigá-los.

Embora eu houvesse me convertido ao Senhor Jesus e desejado agradá-Lo em tudo, sempre quis ser uma filha obediente, ser usada por Ele, digna, e amá-Lo de todo o meu coração, de toda a minha alma e de todo o meu entendimento. Apesar de tudo, eu era uma filha de Deus triste, insegura, medrosa e amargurada, porque fazia tudo por medo de ser castigada.

Conhecendo esse Deus que eu pensava ser malvado, vivia uma vida cristã amarga, triste e infeliz, porque queria agradar a Deus, ser amada por Ele, queria que o Senhor tivesse orgulho de mim, almejando tudo o que o Pai havia planejado para mim. Eu, então, sacrificava-me em agradá-Lo: tinha de fazer, fazer e fazer; visitar e orar por doentes, pregar e orar por pessoas que eu nem conhecia, jejuar muito, orar até fazer calos em meus joelhos. Faltava-me apenas o autoflagelo.

Com essa carga nas costas e com um vulto imenso de problemas, numa tarde, quando eu estava em frente à minha casa e precisei entrar para ir ao banheiro, senti palpitações em meu coração que me deixaram arrasada e perturbada emocionalmente. Naquele dia, então, deu-se início àquilo que viria a ser o deserto da minha vida: dores no peito, arritmia e muitos outros sintomas cardíacos. No dia seguinte, comecei a peregrinação até os cardiologistas da cidade e após a primeira consulta o médico me receitou um remediozinho, orientando-me a ir para casa. Cada dia, porém, aumentavam minhas crises.

Por causa das infinitas preocupações e dos sentimentos que citei anteriormente, meu corpo passou a apresentar inúmeros sintomas relacionados ao meu estado emocional, comportando-se de diferentes maneiras mediante inúmeras emoções tóxicas e doenças da alma.

Após muitos estudos, observei que as doenças da alma estão sempre presentes tanto nos males físicos quanto nos psíquicos, já que a alma é parte da vida em todas as situações. Distúrbios que acometem o nosso corpo são os males orgânicos, as doenças físicas; já aqueles que afetam a psique são as doenças mentais ou distúrbios mentais. Há ainda os males que acometem simultaneamente, corpo e mente, denominados distúrbios psicossomáticos. As doenças da alma podem se apresentar pelos sintomas que se enquadram em todas as doenças, e têm características próprias, necessitando de tratamento especializado.

Existem, porém, sentimentos da alma que interferem diretamente em nossas emoções, e estas afetam nos nossos órgãos e respondem por meio de sintomas bons ou ruins, conforme programamos essas emoções. Por exemplo: se sentimos emoções boas como alegria, paz, tranquilidade, coragem, nosso organismo reagirá positivamente. Em contrapartida, se sentirmos ódio, raiva, cólera, ira, essas substâncias lançadas em nossa corrente sanguínea certamente nos causarão mal e após algum período, se observarmos, nosso corpo estará dolorido em razão do derrame de toxinas em nosso organismo.

Existem inúmeros sentimentos de nossa alma, muitos deles são bons e a Bíblia fala muito sobre eles, e que devemos cultivá-los. Porém também nos alerta quanto aos sentimentos ruins que nos fazem muito mal e nos trazem prejuízos, que podem ser as raízes de doenças emocionais e físicas.

SENTIMENTOS DA ALMA

Existem diferenças entre sentimento e emoção.

> Uma emoção é um conjunto de respostas químicas e neurais baseadas nas memórias emocionais, e surgem quando o cérebro recebe um estímulo externo. O sentimento, por sua vez, é uma resposta à emoção e diz respeito a como a pessoa se sente diante daquela emoção.[1]

São as emoções que dão origem ao sentimento. A forma como eu reajo aos estímulos emocionais é que vai ditar meus sentimentos. Todos os dias estamos expostos aos mais diversos acontecimentos, sejam bons ou ruins. E a forma como eu administro essas emoções se transforma em sentimentos bons ou maus. Você pode ver um filho brincando na chuva, achar engraçado e até mesmo brincar com ele, e os dois se divertirem muito. Mas na mesma cena pode se chatear porque ele vai sujar as roupas e dar mais trabalho, irritada poderá tirá-lo da brincadeira e deixá-lo de castigo. Essa avaliação dos acontecimentos somos nós que fazemos e reagimos conforme os sentimentos.

Por isso é importante conhecermos um pouco mais sobre alguns dos sentimentos bons e ruins e que trazem muitas consequências para a vida de todos.

---

1 Disponível em: http://www.sbie.com.br/blog/qual-diferenca-entre-emocao-e-sentimento-na-psicologia-2. Acesso em 27/09/2018.

Sentimentos bons

Mas o fruto do Espírito é: amor, alegria, paz, longanimidade, benignidade, bondade, fidelidade, mansidão, domínio próprio. Contra estas coisas não há lei.
(Gl 5:22-23)

Os sentimentos bons são refrigérios para a nossa alma, e isso é o que devemos cultivar diariamente. O texto de Provérbios 15:13 diz: "O coração alegre aformoseia o rosto; mas pela dor do coração o espírito se abate". A Bíblia nos ensina que quando estamos alegres ficamos mais bonitos. Quando os sentimentos bons fazem parte da nossa vida, atraímos pessoas, que querem se aproximar de nós, pois a nossa presença faz bem a elas. As queixas de desconfiança com o próximo e pessoas que querem sempre tirar vantagem em cima dos outros desvalorizam o ser humano. Mas transmitir positividade, palavra amiga, esperança e paz é a carência deste mundo caótico em que vivemos. Na sequência, escrevo sobre alguns sentimentos bons e suas características.

Amor

O texto de 1 Coríntios 13:1-13 expressa a mais pura verdade sobre o amor. Sabemos que é difícil praticarmos tudo isso, porém penso que é possível sermos pessoas boas e nos manter longe da maldade:

Ainda que eu fale as línguas dos homens e dos anjos, se não tiver amor, serei como o bronze que soa ou como o címbalo que retine. Ainda que eu tenha o dom de profetizar e conheça todos os mistérios e toda a ciência; ainda que eu tenha tamanha fé, a ponto de transportar montes, se não tiver amor, nada serei. E ainda que eu distribua todos os meus bens entre os pobres e ainda que entregue o meu próprio corpo para ser queimado, se não tiver amor, nada disso me aproveitará. O amor é paciente, é benigno; o amor não arde em ciúmes, não se ufana, não se ensoberbece, não se conduz inconvenientemente, não procura os seus interesses, não se exaspera, não se ressente do mal; não se alegra com a injustiça, mas regozija-se com a verdade; tudo sofre, tudo crê, tudo espera, tudo suporta. O amor jamais acaba; mas, havendo profecias, desaparecerão; havendo línguas, cessarão; havendo ciência, passará; porque, em parte, conhecemos e, em parte, profetizamos. Quando, porém, vier o que é perfeito, então, o que é em parte será aniquilado. Quando eu era menino, falava como menino, sentia como menino, pensava como menino; quando cheguei a ser homem, desisti das coisas próprias de menino. Porque, agora, vemos como em espelho, obscuramente; então, veremos face a face. Agora, conheço em parte; então, conhecerei como também sou conhecido. Agora, pois, permanecem a fé, a esperança e o amor, estes três; porém o maior destes é o amor.

É possível amar as pessoas sem interesse, é possível estar semanalmente com elas, pelo simples prazer de desfrutar de sua companhia. Sempre digo que o amor anda junto da lealdade. É possível não precisar mentir ou enganar. O texto bíblico fala tudo isso, e o melhor é que só nos faz bem.

Alegria

A alegria é uma sensação de plenitude e satisfação interior. Sei que, quando eu experimento circunstâncias ou vivencio experiências que me trazem bem-estar, "alegra-se, pois, o meu coração, e o meu espírito exulta; até o meu corpo repousará seguro" (Sl 16:9).

Em nossa vida, a alegria reflete em nosso corpo, em nossa saúde e em nosso *bem-estar*. Um exemplo claro é quando estamos de férias e viajamos. Parece que tudo está lindo, visitamos familiares, locais diferentes, vivemos bons e agradáveis momentos e experimentamos comidas maravilhosas. Tudo nos dá disposição, pois saímos da rotina de trabalho e correria diária.

Paz

"Estas coisas vos tenho dito para que tenhais paz em mim. No mundo, passais por aflições; mas tende bom ânimo; eu venci o mundo" (Jo 16:33). Muitas pessoas buscam e querem a paz, mas a verdadeira paz teremos quando Cristo fizer parte de nossa vida. As pessoas têm um vazio dentro da alma, o qual tentam suprir e preencher adquirindo sapato de marca e roupas, matriculando-se numa academia, levando adiante determinados relacionamentos, fazendo cirurgias plásticas e tantas outras coisas. No entanto, a paz a que me refiro é aquela que nos traz segurança, que lança fora o medo e a insegurança. Quando colocamos Deus no centro de nossa vida, Ele ocupa todos os lugares vazios.

Paciência

Sempre digo que se preocupação resolvesse problemas então passaríamos o dia todo roendo as unhas. No entanto, não é o caso. Saber esperar e ter calma nos livra de muitos problemas além daqueles que já temos. "Descansa no Senhor, e espera nele; não te enfades por causa daquele que prospera em seu caminho, por causa do homem que executa maus desígnios" (Sl 37:7).

Amabilidade

Em uma época tão estressante, capitalista e informatizada, com tanta correria em busca de recursos financeiros, não é fácil ser amável com os da nossa casa, muito menos com aqueles que não conhecemos. Ser amável também é ser educado, gentil e cortês.

Bondade

Bondade é uma característica daquele que tem inclinação para o bem. Consiste numa qualidade das pessoas que praticam boas ações. "Como é grande a tua bondade, que reservaste aos que te temem, da qual usas, perante os filhos dos homens, para com os que em ti se refugiam!" (Sl 31:19).

Mansidão

Costumo dizer que os mansos vivem muito mais que as pessoas agitadas, pois têm muito menos chances de se irarem ou andarem estressados. Ser manso é uma **característica daquele que tem inclinação para o bem**. Consiste numa qualidade das pessoas que praticam boas ações.

Domínio próprio (Equilíbrio)

Aquele que consegue dominar os seus impulsos controla seus atos, suas emoções. Caso alguém o irrite, dominará suas emoções para que não causem danos a ninguém. Domínio próprio é ter autocontrole. Isso é muito importante porque nem todos os nossos impulsos são bons. Quem vive apenas para satisfazer seus prazeres, sem se preocupar com as consequências, acaba caindo no pecado e se metendo em muitas encrencas.

Se observarmos ao nosso redor, encontramos pessoas se importando cada vez menos com seu próximo. A Bíblia diz que no final dos tempos o amor se esfriaria e em Mateus 24:12 lemos: "e, por se multiplicar a iniquidade, o amor se esfriará de quase todos". Quem está desesperado por prosperidade, correndo atrás de seus interesses e muitas vezes tentando tirar vantagem em tudo, vê surgir então sentimentos maus.

Sentimentos maus

Nos sentimentos maus existe uma porção de absinto, ou seja, raízes amargas que produzem em nossa vida - emocional, física e espiritual - coisas ruins, reações ruins, dores e experiências nada agradáveis. E quando esses sentimentos explodem, recebemos em troca experiências dolorosas. A seguir conheceremos um pouco mais desses sentimentos para que evitemos essas respostas negativas tanto para a nossa vida quanto para a vida daqueles que amamos e convivem conosco.

Rancor

> *Ódio secreto e profundo", é o que diz o dicionário Aurélio. Ou seja, o rancor é uma mágoa profunda, resultante de situações vividas; grande ressentimento; excesso de ódio guardado; ódio não demonstrado; raiva, ira. Muitos desses sentimentos são ocasionados por lembranças de acontecimentos ruins, e a Bíblia está recheada de textos que nos alertam sobre eles, como: "o irmão ofendido resiste mais que uma fortaleza; suas contendas são ferrolhos de um castelo.* (Pv 18:19)

Quando uma pessoa se sente ofendida, seu coração está preso como em uma jaula, e nada transpõe aquela mágoa. E alguém machucado é egoísta, pois o que importa é a dor que está sentindo, a qual é maior e mais forte do que tudo. Não é raro encontrarmos aqueles que, ao relatarem seus problemas, dizem que são os maiores sofredores do mundo, porque estão presos no sentimento de rancor. Acompanho pessoas que não se relacionam com os pais, filhos ou irmãos, cuja vida é uma contenda. Muitas vezes as causas desse rancor são tão pequenas e o outro nem sabe o porquê de estar sendo odiado. Lamentável, pois os anos passam e muitas alegrias que poderiam ser compartilhadas se perdem no tempo.

O texto de Levítico 19:18, além de nos orientar para que não guardemos ira e ódio, vai mais longe, e pede que amemos as pessoas como Cristo nos amou: "Não te vingarás, nem guardarás ira contra os filhos do teu povo; mas amarás o teu próximo como a ti mesmo. Eu sou o Senhor".

"Porque, se perdoardes aos homens as suas ofensas, também vosso Pai celeste vos perdoará; se, porém, não perdoardes aos homens [as suas ofensas], tampouco vosso Pai vos perdoará as vossas ofensas" (Mt 6:14-15). Está claro que se perdoamos as pessoas que nos ofenderam, também Deus nos perdoará. Ocorre que muitas vezes queremos o perdão do Senhor, mas mantemos as pessoas presas em gaiolas de ódio e desejos de vingança.

Lembro-me de uma amiga que desejava pedir perdão para muitos que havia ofendido. Ela era muito brava, falava alto, gritava com todo mundo. Uma dessas pessoas se recusava em recebê-la, então ela teve a ideia de encaminhar um fax com o pedido de perdão, já que ela receberia do outro lado obrigatoriamente a cópia do fax, com o pedido de perdão escrito. E assim ela fez: mandou o pedido de perdão e se sentiu livre das acusações.

Orgulho

O orgulho é perigoso. Há uma passagem de Provérbios 16:18-19 que nos diz: "A soberba precede a destruição, e a altivez do espírito precede a queda. Melhor é ser humilde de espírito com os mansos, do que repartir o despojo com os soberbos". Muitas pessoas orgulhosas pisam sobre os humildes, tratam mal os demais, têm poucos relacionamentos, pois sempre se consideram superiores. "A soberba do homem o abaterá, mas o humilde de espírito obterá honra" (Pv 29:23).

O livro dos Provérbios contém diversos textos sobre o orgulho. Alguns deles são os seguintes:

1. O temor do Senhor consiste em aborrecer o mal; a soberba, a arrogância, o mau caminho e a boca perversa, eu os aborreço. (Pv 8:13)
2. Em vindo a soberba, sobrevém a desonra, mas com os humildes está a sabedoria. (Pv 11:2)
3. Da soberba só resulta a contenda, mas com os que se aconselham se acha a sabedoria. (Pv 13:10)
4. A soberba precede a ruína, e a altivez do espírito, a queda. (Pv 16:18)
5. Quanto ao soberbo e presumido, zombador é seu nome; procede com indignação e arrogância. (Pv 21:24)
6. A soberba do homem o abaterá, mas o humilde de espírito obterá honra. (Pv 29:23)

Solidão

Em Salmos 68:6 lemos a seguinte passagem: "Deus faz que o solitário more em família; tira os cativos para a prosperidade; só os rebeldes habitam em terra estéril". Existem muitas pessoas más, com coração ruim, e percebo que muitas delas são deixadas de lado pelos familiares na velhice. Claro que cada um tem seu histórico de vida, mas muitos com quem conversei e para quem perguntei: "Onde está sua família? Seus filhos?", respondem: "Eu tive tal mulher e tantos filhos, mas larguei não sei onde". Pois bem, a maioria abandonou mulher e filhos para viver de maneira dissoluta e está, então, colhendo o que plantou: uma vida solitária. No entanto, não é isso que Deus quer para nós. Sua bênção é que o justo habitará no meio da bênção em família.

Mágoa

Podemos ler o seguinte em Romanos 12:2: "E não vos conformeis com este século, mas transformai-vos pela renovação da vossa mente, para que experimenteis qual seja a boa, agradável e perfeita vontade de Deus". Renovar a mente é deixar as coisas velhas para trás. Costumamos dizer quer ficar lambendo feridas não faz bem. Mas o que significa lamber feridas? É ver a dor, o mal e gostar desse sofrimento, é em qualquer oportunidade relembrar uma situação ruim e sofrer novamente. Essa mágoa corrói a pessoa por dentro, que, além de manter o outro preso a sentimentos ruins, vive amargurada, pois não perdoa, não libera perdão. Devemos deixar os sofrimentos no mar do esquecimento; caso contrário, todos sofrem: quem está ressentido e quem foi o causador.

Ressentimento

> *Vinde a mim, todos os que estais cansados e sobrecarregados, e eu vos aliviarei. Tomai sobre vós o meu jugo e aprendei de mim, porque sou manso e humilde de coração; e achareis descanso para a vossa alma. Porque o meu jugo é suave, e o meu fardo é leve.* (Mt 11:28-30)

Ter ressentimento significa guardar mágoa contra alguém, sentir tudo de novo. Imagine que você foi traída ou traído e sofreu muitíssimo, sentiu muita dor e tristeza, e cada vez que se lembra disso sente tudo novamente, como se estivesse no dia do acontecido. E se cobra: "Poxa, eu deveria ter feito isso ou aquilo, deveria ter falado muitas coisas ruins, gritado". Se você faz isso, significa que está sofrendo sempre a mesma dor do ocorrido, porque não esqueceu, não perdoou e ainda gosta de lamber aquela ferida, ainda gosta de sofrer, pois na verdade ainda tem uma vontadezinha de se vingar.

Ira

Lemos em Efésios 4:26-27: "Irai-vos e não pequeis; não se ponha o sol sobre a vossa ira, nem deis lugar ao diabo". Podemos cometer muitas bobagens quando estamos irados; ficamos bravos, chateados e estressados, e as consequências desses sentimentos vêm depois. Quando estamos possuídos por ira, ferimos outras pessoas, falamos o que não devemos e até amaldiçoamos filhos, trabalho, casamento e toda a nossa vida. Essa passagem transcrita de Efésios nos aconselha seriamente a não cometermos tal pecado, por causa do dano que podemos causar a nós e aos demais. Conheço quem, durante uma briga, quebra móveis, eletrodomésticos, pratos, atitudes que somente pioram a situação. Tudo aquilo que foi quebrado terá de ser adquirido novamente, não é mesmo?

Ódio

"O temor do Senhor consiste em aborrecer o mal; a soberba, a arrogância, o mau caminho e a boca perversa, eu os aborreço", é o que nos diz Provérbios 8:13. Biblicamente falando, esse sentimento apenas tem um aspecto bom: odiar o mal, pois quanto mais nos aproximamos das coisas ruins mais elas nos farão mal.

Amargura

Sobre a amargura, encontramos em Hebreus 12:15 a seguinte passagem: "atentando, diligentemente, por que ninguém seja faltoso, separando-se da graça de Deus; nem haja alguma raiz de amargura que, brotando, vos perturbe, e, por meio dela, muitos sejam contaminados".

A amargura no coração tem várias raízes. Pode ser o abandono, a rejeição, a carência de pai ou de mãe, entre outras, as quais uma pessoa pode carregar para a vida toda e vê-las interferir no sucesso de seu casamento, por exemplo, na vida dos filhos e daqueles que estão ao seu redor. Os resultados sempre são conflito e quebra de relacionamentos, pois o amargurado se torna agressivo, fechado, calado, intolerante, com quem ninguém aguenta conviver por muito tempo.

Normalmente, o amargurado não tem muitos amigos e os assuntos de suas conversas são os mesmos: suas queixas. Eles não contam vitórias, sucessos, bênçãos, e sua alma envenenada pela amargura transfere suas dores para os demais.

Rejeição

A Bíblia nos ensina em 1 João 4:8: "Aquele que não ama não conhece a Deus, pois Deus é amor.". Todos nós fomos criados para sermos amados e amar – essa é a maior necessidade do ser humano (e Deus certamente nos ama).

Sendo assim, a rejeição é uma ferida profunda que pode destruir uma vida.

Muitas podem ser as causas de rejeição: uma gravidez indesejada fruto de estupro (sentimento que a mãe, inconscientemente, transfere para a criança), adultério, problemas econômicos, enfermidades, características físicas, críticas exageradas. Aqueles que sofrem com a rejeição se tornam dominadores, têm autoimagem negativa, não têm identidade definida, entre outros problemas que desenvolve. O perdão, porém, é o remédio para todo dano causado por quem quer que seja.

Medo

A passagem de 2 Timóteo 1:7 nos ensina que "Porque Deus não nos tem dado espírito de covardia, mas de poder, de amor e de moderação". Na Bíblia, encontramos 366 vezes o termo "NÃO TEMAS", um para cada dia do ano.

Eu sempre tive muito medo de andar de avião, algo absurdo mesmo. Toda vez que precisávamos fazer esse tipo de viagem eu ficava muito nervosa, a ponto de ter taquicardia no voo. Certa ocasião, disse a um grande líder de uma denominação que anualmente conduz caravanas a Jerusalém que eu gostaria de visitar essa cidade, porém o tempo de duração do voo é de 14 horas. Ele, então, me disse algo que mudou a minha vida: "O diabo rouba muitas bênçãos e oportunidades colocando-nos medo, porque ele não quer que aproveitemos o que Deus deixou para os Seus filhos". Daquele dia em diante, comecei a lutar dentro de mim contra aqueles medos e me tornei muito mais forte. Isso tudo é verdade, o medo rouba oportunidades e se torna o vilão da história, porém com a graça de Deus podemos mudar isso.

Insegurança

O Salmo 23:1 é um dos salmos que todo mundo conhece e recita de cor: "O Senhor é meu pastor; nada me faltará". De fato, quem confia verdadeiramente Nele não sente falta de nada, porém ninguém está imune ao sentimento de insegurança, seja na área financeira ou familiar, seja na saúde, no casamento. Cada pessoa tem uma área em que se sente vulnerável.

A insegurança nos leva a fazer coisas absurdas. Existem aqueles que se submetem aos mais variados tipos de abuso, vivem casamentos extremamente infelizes, sujeitando-se a violências físicas, morais, emocionais e sexuais, pois não conseguem viver sozinhos. São dependentes tanto financeira como emocionalmente.

E não são apenas as mulheres afetadas pela insegurança. Tenho um amigo casado e com filhos que durante muitos anos trabalhou em um banco, porém essa instituição financeira fechou em sua cidade e ele foi demitido, obrigando-o a arrumar alguns trabalhos temporários. Após algum tempo, meu amigo sofreu de depressão, ansiedade e síndrome do pânico, e em seu couro cabeludo era possível ver manchas avermelhadas. Recentemente, estava lutando contra um câncer, e as últimas notícias eram de que a doença estava em estado avançado. Bem, poderíamos dizer que foi uma grande coincidência. Sim, talvez, mas certamente o abalo emocional da vida dele foi tão grande que precisou, além dos inúmeros problemas emocionais que sempre teve de administrar, lutar contra essa doença tão difícil.

Os sentimentos da alma abordados neste capítulo podem estar intimamente ligados às doenças da alma que tanto têm assolado indivíduos de todas as classes e idades, sobre as quais falarei a seguir.

DOENÇAS DA ALMA

Quadros psicopatológicos - por exemplo, ansiedade, medo, aflição, depressão, pânico, amargura, tristeza - e sintomas de natureza orgânica (como problemas de pele, gástricos ou câncer) muitas vezes têm início nos sentimentos e nas doenças emocionais.

Na verdade, a dor da alma pode estar presente em todas as dores físicas ou mentais, e ser desencadeada por um grande sofrimento. Os motivos são diversos: problemas na família, doença grave de parentes próximos, separação, perda de um ente querido e até problemas afetivos, sociais ou financeiros. Vítimas de agressão física ou moral também podem ser acometidas de doenças da alma. O desafio é entender e diagnosticar os males e suas raízes.

A seguir, mencionarei algumas doenças da alma ou emocionais que trazem sérios problemas físicos às pessoas, muitos dos quais eu vivenciei. De todos eles, portanto, eu falo com propriedade. Fui buscando conhecer e identificar tudo o que eu sentia e vivenciava.

Preocupação

A preocupação é ato ou efeito de se preocupar. É formular um pré-conceito a respeito de algo, é ter uma ideia antecipada, fixa, sobre alguma coisa. Esse sentimento provoca inquietações e pode ser definido como angústia ou agitação mental sobre aquilo que pode ou não acontecer. A mente, então, acaba vagueando, buscando uma solução e até interferindo na qualidade do sono.

Preocupações, dúvidas e medos são uma parte normal da vida. É natural ficarmos ansiosos sobre nosso próximo teste ou preocupar-nos com as finanças após termos recebido contas inesperadas para pagar. O interessante é que na Bíblia há inúmeras citações para que não tenhamos tais sentimentos, pois Deus sabia que nos fariam muito mal.

O que a Bíblia diz sobre preocupação?

A Bíblia nos ensina claramente que os cristãos devem evitar preocupar-se. Veja esta passagem de Filipenses 4:6: "Não andeis ansiosos por coisa alguma; antes em tudo sejam os vossos pedidos conhecidos diante de Deus pela oração e súplica com ações de graças". Nesse versículo, aprendemos que devemos entregar a Deus todas as nossas necessidades e preocupações, para que não as remoamos em nossa mente. Elas não acrescentam em nada, não pagam contas nem resolvem problemas.

Jesus também nos ensina a não nos preocuparmos:

A seguir, dirigiu-se Jesus a seus discípulos, dizendo: Por isso, eu vos advirto: não andeis ansiosos pela vossa vida, quanto ao que haveis de comer, nem pelo vosso corpo, quanto ao que haveis de vestir. Porque a vida é mais do que o alimento, e o corpo, mais do que as vestes. Observai os corvos, os quais não semeiam, nem ceifam, não têm despensa nem celeiros; todavia, Deus os sustenta. Quanto mais valeis do que as aves! Qual de vós, por ansioso que esteja, pode acrescentar um côvado ao curso da sua vida? Se, portanto, nada podeis fazer quanto às coisas mínimas, por que andais ansiosos pelas outras? Observai os lírios; eles não fiam, nem tecem. Eu, contudo, vos afirmo que nem Salomão, em toda a sua glória, se vestiu como qualquer deles. Ora, se Deus veste assim a erva que hoje está no campo e amanhã é lançada no forno, quanto mais tratando-se de vós, homens de pequena fé! Não andeis, pois, a indagar o que haveis de comer ou beber e não vos entregueis a inquietações. Porque os gentios de todo o mundo é que procuram estas coisas; mas vosso Pai sabe que necessitais delas. Buscai, antes de tudo, o seu reino, e estas coisas vos serão acrescentadas. (Lc 12:22-31)

Lembro-me de que quando estávamos construindo a nossa casa e havia muitos compromissos a serem pagos, muitas vezes meu esposo ia dormir enquanto eu andava de um lado para o outro, preocupada. Ele dizia que não podia fazer nada, então ia se deitar. Eu simplesmente não entendia como ele conseguia, e aquilo me deixava muito insegura e mais preocupada ainda. Hoje, porém, entendo que ele estava supercerto, pois realmente de nada adianta passarmos horas pensando e noites sem dormir.

Para os preocupados e ansiosos como eu, a atitude do meu marido poderia expressar descaso, porém entendo que ele estava correto. Se nada poderia fazer diante de todos os problemas, somente lhe restava dormir e descansar. Na época eu deveria ter feito isso, com certeza teria me poupado e haveria menos desgastes físico e mental.

> *Por isso, vos digo: não andeis ansiosos pela vossa vida, quanto ao que haveis de comer ou beber; nem pelo vosso corpo, quanto ao que haveis de vestir. Não é a vida mais do que o alimento, e o corpo, mais do que as vestes?* (Mt 6:25)

Encontramos na Bíblia inúmeras passagens que falam sobre a preocupação, sentimento que Deus sabe o quanto nos faz mal. Conforme vamos amadurecendo, entendemos que tudo pode ser dosado.

Quando estamos desesperados e aflitos, temos de nos lembrar do Salmo 121:1-2, que diz: "Elevo os olhos para os montes: de onde me virá o socorro? O meu socorro vem do Senhor, que fez o céu e a terra". Olhar para os montes significa olhar para cima, para Deus, de onde vem o socorro, a ajuda, a confiança e, acima de tudo, a coragem e a disposição para levantarmos e irmos em busca das soluções.

O Senhor não vê como o homem vê; nossa ótica é limitada. Você pode estar vivendo problemas intermináveis, achando que não há saída, que está no fundo do poço, que não tem ninguém. Pois bem, essa ótica está errada. Deus é infinitamente onisciente, onipotente, onipresente e nada, absolutamente nada, foge ao Seu controle. Ele tem uma solução; na hora certa, a provisão necessária virá, por isso temos que fazer a nossa parte: crer, confiar e agir.

"Esperei com paciência pelo Senhor, e ele se inclinou para mim e ouviu quando clamei por socorro" (Sl 40:1). Se você colocar em Deus as suas aflições, certamente Ele virá com a resposta para as suas preocupações.

Perfeccionismo

O perfeccionismo é a sensação constante de que todas as coisas não estão boas o suficiente, e que não se conseguiu atingir o padrão desejado. O perfeccionista sempre está em busca da perfeição para agradar a todos e a si mesmo. Alguns sentimentos como autodepreciação, autodesprezo e culpa potencializam essa sensação de nunca estar bom suficiente. É uma luta interna que acompanha um desassossego, uma aflição camuflada de querer crescer, melhorar, ter mais, mas que, no fundo, trata-se de não conseguir se desligar e viver os momentos, ou ainda de deixar algo para amanhã. O perfeccionista sente muitas dúvidas, pensa que não consegue agradar a si mesmo nem as pessoas, muito menos a Deus.

José Roberto Marques - palestrante, empresário, escritor, fundador e presidente do Instituto Brasileiro de Coaching - disse o seguinte em seu *blog*:

> Perfeccionismo é um comportamento humano que faz com que as pessoas desejem fazer tudo de modo absolutamente perfeito ou serem perfeitas também. Essa é a ideia que um perfeccionista tem, de que não pode errar; que deve ser a mais bonita; o mais inteligente, mais bem-sucedido; ter e seguir um alto padrão e sempre fazer absolutamente tudo certo para ser o melhor em tudo também.[2]

---

2 Disponível em: https://www.jrmcoaching.com.br/blog/caracteristicas-de-uma-pessoa-perfeccionista. Acesso em 27/09/2018.

Jairo Bouer, por sua vez – médico formado pela Faculdade de Medicina da Universidade de São Paulo (USP) e bacharel em Biologia pela Universidade Federal de Santa Catarina (UFSC) –, fez residência em Psiquiatria no Instituto de Psiquiatria da USP e diz em seu artigo que o perfeccionismo pode ser uma qualidade requisitada, mas que, em alguns casos, isso pode ser prejudicial.[3]

David A. Seamands fala, em seu livro *Cura para os traumas emocionais* (p. 95):

> O perfeccionismo é uma versão falsa da perfeição cristã, da ansiedade, santificação ou da vida cheia do Espírito. O perfeccionismo, em vez de fazer de nós pessoas completas em Cristo, transforma-nos em fariseus espirituais e em neuróticos emocionais.

E isso não é invencionice deste tempo em que muito se fala em marketing pessoal, melhora de performance, ser influenciador ou o mais bem-sucedido. Não, isso acontece há séculos. A tirania dos "deveres" e do "ter"– "eu devo melhorar", "eu devia ter feito melhor", "eu devia ter sido capaz", "eu devia ter feito mais", "eu tenho que melhorar", "eu tenho que atingir as metas", "eu tenho que cumprir".

Seamands diz ainda que os verbos prediletos do perfeccionista são: "poderia ter", "deveria ter" e "teria". Sempre querendo ter feito mais, e a ânsia dentro de si que se torna uma pessoa insatisfeita sempre. Se compra um carro novo,

---

3 Disponível em: <https://doutorjairo.blogosfera.uol.com.br/2014/09/26/perfeccionismo-e-fator-de-risco-importante-para-o-suicidio-alerta-artigo>. Acesso em: 27/09/2018.

logo almeja um maior e mais completo, se constrói uma casa, logo necessita de mais espaço. Os anos vão passando e a vida se perdendo, pois não aproveitou o momento e o próximo pode não alcançar.

A **autoimagem negativa** também contribui para pensar que não estamos fazendo as coisas direito, e as cobranças externas e de outras pessoas podem potencializar essa pré-disposição para sempre querer ser melhor. Lembro que durante algum tempo da minha vida, após meu esposo ser consagrado pastor, uma pessoa veio até mim e disse que a partir daquele momento eu deveria mudar e ser uma pessoa diferente e melhor. E eu disse a ela que eu deveria ser aquilo que Deus quisesse que eu fosse. Pois, se eu fosse agradar a todas as pessoas, eu certamente teria inúmeras identidades, e não seria eu mesma. Muitas pessoas querem que sejamos o que elas anseiam nelas mesmas, e podemos ser enganados em querer agradar a todos e nunca conseguir. Com a autoimagem negativa e a cobranças externas, ficamos suscetíveis ao que os outros pensam ou falam de nós.

Normalmente, as pessoas que são preocupadas e ansiosas são perfeccionistas, e essas duas características andam de mãos dadas. Indivíduos ansiosos não conseguem descansar se alguma coisa está fora do lugar. Um chinelo virado com a sola para cima, um tapete com a ponta virada, uma almofada fora do sofá, louça suja na pia, tudo isso pode causar desconforto e necessidade de sair do descanso para fazer uma arrumação. E pior que isso, o perfeccionista exige que todos da casa andem segundo os seus ditames, ou seja, aqueles que estão ao seu redor sofrem para se adequar às suas exigências.

Conheci um profissional altamente qualificado, escritor de livros, que terminou a faculdade de Direito em dois anos e meio, além de ser médico-veterinário, superinteligente e ter uma memória fantástica. Seu modo de agir mostrava claramente como ele vivia. Em sua mesa de escritório havia quatros clipes, todos enfileirados, um ao lado do outro, do menor para o maior. Também havia três canetas organizadas, uma após a outra, nas cores azul, preta e vermelha. Organizava tudo sistematicamente, e isso trazia confusão caso alguém tocasse em seus objetos. Em determinada oportunidade o visitamos e tive a brilhante ideia de coar um café. Ocorre que o pacote estava fechado e eu, ao abri-lo, cortei as bordas da embalagem. Isso foi o suficiente para ele se opor à minha atitude, pois não era daquela forma que a embalagem deveria ser aberta. Essa pessoa já estava com problemas psicológicos e se tornou esquizofrênica, dependente de medicamentos, os quais a mantêm dopada muito tempo do dia e da noite. Claro que o que afirmei não é regra, e neste caso existem muitos outros fatores que contribuíram para o seu mal, mas certamente o perfeccionismo foi uma delas.

Tenho um amigo que exerce suas funções em análises de processos no departamento pessoal da Prefeitura e as exigências dele com tudo e com todos em seus mínimos detalhes sufocam os colegas. Qualquer letra, qualquer ponto fora do lugar, tudo já é motivo para criar grandes confusões. Ele não tem amigos, que se afastam dele, já que passou por inúmeros setores e ninguém suporta seu sistema metódico. Recentemente, esteve afastado de licença médica, pois foi acometido de síndrome do pânico, além de ter desenvolvido problema de pele visível, na qual apareceram manchas e escamações. Ele se comporta com destempero e desequilíbrio emocional.

No meu caso, como sempre trabalhei praticamente desde criança, foram-me colocados hábitos nas rotinas diárias, as quais construíram em mim uma identidade que não era minha, e sim de outras pessoas. Acabei absorvendo costumes dos outros, os quais carrego para toda a minha vida. A construção da minha identidade foi, então, baseada em gostos, costumes e padrões impostos por aqueles com quem trabalhei.

Assim eu era: a casa deveria estar impecável, inclusive atrás e debaixo dos móveis. Mesmo que não se enxergasse sujeira alguma, minha mente deveria estar descansada sabendo que também esses locais estavam limpos.

Talvez um dos primeiros problemas que eu tenha tido foi o complexo de perfeccionismo, um eterno sentimento de insatisfação: "Não consigo. Não sei o suficiente. Não posso. Não está tão bom. Tenho que ir. Tenho que estar. Tenho que fazer. Tenho que cumprir".

As pessoas estão sempre procurando algo a mais, porém geralmente carregam uma sensação de culpa que não conseguem suprir. Essa cobrança as persegue como um fantasma.

Quando eu me converti ao Evangelho, toda essa necessidade foi inconscientemente transferida para Deus. Queria

Dele a manifestação, as respostas, os milagres, a Sua cura, a Sua compreensão, que Ele me respondesse toda vez que eu O solicitasse. Eu queria muito, mas muito mesmo, ser uma boa filha, e quase fui consumida em querer agradá-Lo do meu modo, achando que assim eu conseguiria alcançá-lo. Então alguém dizia: "O Senhor não gosta que mulher usa calça comprida". *Ok, não uso mais*, pensava eu. "Ele quer cabelo comprido." *Sim, não corto mais*. Imediatamente, eu carregava aquela carga, tornando-me cada dia mais infeliz, pois não era isso que Deus queria de mim. Ele diz, em Sua palavra, que o Seu fardo é leve e o Seu jugo é suave (Mt 11:30). Esse peso não é Ele quem coloca em nossos ombros, e sim a ignorância das nossas crenças.

Vez por outra me pego apressada me arrumando porque tenho de sair, mas de repente percebo que eu não tenho que ir ao supermercado, por exemplo, pois não está faltando nada. A visitação dos resquícios das cobranças, porém, querem bater à porta, e eu digo: "Não, eu não quero isso para mim". Eu rejeito essa culpa e essa carga.

Temos orientação para que façamos tudo com zelo, por isso costumamos oferecer o melhor onde congregamos e adoramos a Deus. As pessoas que gostam das coisas bem-feitas são, em geral, cuidadosas. Vemos exemplos disso em Jeremias 48:10: "Maldito aquele que fizer a obra do Senhor negligentemente, e maldito aquele que vedar do sangue a sua espada!". E ainda em Colossenses 3:23: "E tudo quanto fizerdes, fazei-o de coração, como ao Senhor, e não aos homens".

Muitas vezes, perfeccionistas, querem que tudo se torne perfeito, e que somente eles têm o jeito certo de execução, mas é humanamente impossível querer realizar tudo o que a mente projeta. Exigir demais de si mesmo traz desgastes profundos físicos e emocionais também aos outros. Ser perfeccionista, portanto, é extremamente angustiante.

A Bíblia diz em Eclesiastes 7:16: "Não sejas demasiadamente justo, nem exageradamente sábio; por que te destruirias a ti mesmo?". Em outras versões encontramos a seguinte tradução: "Não fiques justo demais, nem te mostres excessivamente sábio. Por que destruirás a ti mesmo".

Felizmente, Deus não exige nem espera perfeição de ninguém, "pois ele conhece a nossa estrutura; lembra-se de que somos pó", (Sl 103:14). As pessoas só atingirão a perfeição na glória do Senhor; enquanto somos humanos, neste corpo mortal, continuamos imperfeitos e falíveis. Por essa razão, devemos buscar em Deus o equilíbrio, ou um mentor ou mentora que possa nos orientar e nos corrigir para que tenhamos uma vida saudável, sem que percamos tempo com coisas vãs.

Ansiedade

Muitas são as definições de ansiedade: aflição, angústia, perturbação do espírito causada pela incerteza, relação com qualquer contexto de perigo, entre outras. A ansiedade é uma sensação ou sentimento decorrente da excessiva excitação do Sistema Nervoso Central consequente da interpretação de uma situação de perigo.

Se não for controlada, a ansiedade pode causar doenças psiconeurológicas e psico-oncológicas, ou então enfermidades psicossomáticas, ou seja, doenças que afetam a saúde física e mental. Gastrite, úlceras, colites, taquicardia, hipertensão, cefaleia e alergias são alguns exemplos de doenças causadas pela ansiedade.

A adrenalina é um hormônio do estresse que produz uma sensação de euforia tão forte como qualquer outra droga. Certos níveis de adrenalina em nosso organismo são até necessários. Por exemplo: se estamos andando na rua e de repente um cachorro furioso parte ao nosso encontro, a adrenalina que é lançada em nosso organismo faz nosso sistema nervoso ter energia para reagir; com isso, nossos músculos estarão preparados para correr. Níveis elevados de adrenalina podem fazer uma pessoa se sentir muito bem, com empolgação pela vida, sem sentir necessidade de dormir.

A adrenalina também é um hormônio poderoso capaz de produzir efeitos físicos abrangentes. Ela aumenta o foco do cérebro, apura a visão e contrai os músculos do corpo de forma a prepará-los para reação de lutar ou fugir. A pressão arterial e os batimentos cardíacos aumentam à medida que os vasos sanguíneos se contraem, pois, o sangue é desviado do aparelho digestivo para os músculos.

O estresse momentâneo, quando apresenta essa função, faz bem ao nosso corpo, nos protege. No entanto, se esse estresse for constante, os hormônios injetados na corrente sanguínea continuamente prejudicam muito a nossa saúde. Anos de preocupação, portanto, causam uma descarga de adrenalina e cortisol na corrente sanguínea, provocando muito mal à saúde, como aumento dos triglicerídeos e da glicose, gordura no sangue, elevação da frequência cardíaca e da pressão arterial, comprometendo a saúde dos órgãos vitais do nosso corpo, tais como o coração, os rins e o fígado.

No meu caso, comecei a ter taquicardia, palpitação, dores pelo corpo e muitos outros sintomas, pois vivia ansiosa, muitas vezes sem necessidade: mesmo deitada, repousando, o meu organismo recebia as cargas de adrenalina, como se eu fosse correr de um perigo.

O coração arde e acelera ao mesmo tempo, as pernas enfraquecem, ocorrem sensações de desmaios e tonturas, a mente confusa... Assim a ansiedade se apresenta, tirando a paz e o sossego. O ansioso planeja tudo o que deseja fazer, cumprir – a mente planeja dez atividades, mas o corpo está preparado para elaborar a metade.

Pequenas ações como ir ao supermercado, realizar viagens curtas e qualquer compromisso eram motivos para eu sentir ansiedade. Como disse, é normal termos algum tipo de ansiedade diante de viagens, trabalhos importantes ou compromissos sérios, mas todos os dias e a todo momento isso já se torna muito preocupante.

O psicólogo PhD Arão Amazonas, em seu livro *Inteligência emocional* (pp. 104 e 105) fala que:

> O medo e a ansiedade podem conduzir a pessoa a doenças do coração, doenças mentais, ataques de pânico, depressão, fobias. O corpo pode responder ao medo e à ansiedade através da liberação de grande quantidade de adrenalina que faz com que aumentem as batidas cardíacas, suor nas mãos e problemas gastrintestinais.
>
> O organismo se recupera por um curto período, mas a pressão, o medo e a ansiedade constantes causam no organismo uma exaustão adrenal, fadiga dores de cabeça e adição de outros sintomas. Temos visto um grande número de cristãos dentro das igrejas sofrendo com síndrome do pânico, muitas fobias e tantos outros transtornos emocionais e mentais. Diversas pessoas nem percebem a razão de seus problemas, que podem estar na ordem da mente (alma) e no corpo (físico), e muitos atribuem tais sintomas a mais um ataque do "inimigo".

A seguir, apresento ao leitor três tipos de ansiedade os quais vivenciei.

Ansiedade hereditária

A ansiedade pode ter uma origem genética, ou seja, a pessoa herda de seus ancestrais uma pré-disposição para apresentar os sintomas de ansiedade. Nestes casos, as manifestações podem ser bastante precoces, sendo o indivíduo, desde cedo, uma criança agitada, às vezes hiperativa, que chora com facilidade e às vezes até apresenta dificuldade de dormir. Um dos principais fatores que predispõem a ansiedade tipo hereditária tem relação fundamental com os genitores: depende do comportamento do pai e/ou da mãe.

A psicóloga Sâmia Aguiar Brandão Simurro explica:

> A ansiedade é uma excitação do sistema nervoso central, que acelera o funcionamento do corpo e da mente. Quando estamos ansiosos, liberamos o neurotransmissor noradrenalina, que provoca toda essa excitação. É um processo que pode ser tanto hereditário como adquirido pelas experiências nos ambientes mais hostis. A ansiedade está intimamente vinculada à forma como interpretamos as situações da vida.[4]

Dona Alzira, como carinhosamente chamo minha mãe, sempre foi uma mulher extremamente ansiosa. Qualquer acontecimento era o suficiente para trazer uma avalanche de preocupações em nossa casa; qualquer dificuldade fazia que ela sentisse angústia e desespero. E esse foi o berço da minha criação e que ajudou a criar os espinhos que vivi desde a minha pré-adolescência.

Infelizmente, há pouco tempo, minha mãe enfrentou problemas graves de saúde, precisando se submeter a uma cirurgia para retirada de um câncer no útero e a inúmeras sessões de quimioterapia e radioterapia. Ela passou por isso

---

4 Disponível em: <https://universa.uol.com.br/noticias/redacao/2011/05/17/ansiedade-e-o-pior-de-todos-os-males-psicologicos-diz-especialista.htm>. Acesso em: 27/09/2018.

tudo e graças a Deus está curada. Eu não posso afirmar com absoluta certeza que a origem do câncer foi a ansiedade, mas que de alguma forma houve colaboração, isto é fato.

Ansiedade adquirida

O caos está instalado. As crianças ainda de colo são distraídas com desenhos e brincadeiras em celulares, *laptop* ou em frente à televisão. As mães as levam para locais onde possam estar ocupadas continuamente: balé, inglês, natação, cursinho etc. E ainda, na fila dos *fast-foods*, mal conseguem esperar a sua vez para comer aqueles lanches com batatas fritas e muita maionese e *ketchup*. São matriculadas em cursinhos quando não estão na escola, e, por causa das cobranças do atual século, as exigências as estão sufocando cada dia mais.

Os adolescentes egressos do ensino médio estão depressivos e ansiosos devido ao grande desafio de escolher a faculdade que vão cursar, pois precisam colocar essa informação no perfil das redes sociais para que todos curtam e os ovacionem. A necessidade de levantar cedo, escovar o cabelo, preparar a maquiagem, escolher a roupa, ter o celular mais moderno, fazer os cursinhos da atualidade, comer os *fast-foods* da garotada, ir aonde todos vão, tem feito muitos desenvolverem ansiedade sem nem mesmo identificar. A sociedade cobra, os colegas cobram; as redes sociais estão lotadas de informações vazias e fúteis. Assim, sem eles mesmos saberem, estão com a mente cheia e sobrecarregada de futilidade.

Precisam ter uma profissão que dê muito dinheiro, ter uma ótima casa com um maravilhoso espaço *gourmet*, o carro do ano, fazer viagens internacionais... Essa é a corrente do consumismo e das necessidades secundárias, que acabam deixando as pessoas desesperadas pelo mais novo, pelo lançamento, pela nova versão.

É a geração da desinteligência e de um mundo de informação ocupando os espaços do aprendizado. Muitos não conseguem escrever e interpretar textos, mas são treinados a passar no vestibular. Quando finalizam um curso superior, não estão prontos a se lançar no mercado de trabalho e acabam confusos. Perguntam-se: "O que eu vou fazer? Como vou ganhar dinheiro? Com quem vou casar? Onde vou morar?". Vejo diversas pessoas que saíram da faculdade, mas após dois, três anos não estão inseridas no mercado de trabalho – e acabam trabalhando em outras áreas que não a de sua formação. A ansiedade, portanto, as faz tomar decisões precipitadas.

Ansiedade maligna

O inimigo de nossas almas é o diabo, que quer nos destruir de todas as formas. Ele nos oprime com seu mal, fazendo-nos desistir de buscar a Deus. Graças ao maligno temos em nossa vida desânimo, desesperança, canseira, preguiça, deixando-nos vulneráveis e cegos. A necessidade do dia nos faz ter anseios que nem mesmo sabemos o que é.

As pessoas passam a desacreditar da pessoa de Jesus Cristo, impondo a Ele uma culpa, ou até mesmo esperando Dele a cura, as soluções de seus males, o carro, a casa, o casamento e tudo de que necessitam. Não que Deus não cure a ansiedade, ou não abençoe, mas precisamos ter atitudes para que conquistemos aquilo que buscamos. É preciso, porém, que mudemos nossa atitude e nosso pensamento.

O mal, portanto, sabedor de que a ansiedade é um pecado contra Deus, é perito em deixar as pessoas desesperançadas e desacreditadas. "Como assim pecado?", o leitor pode se perguntar. A Bíblia diz em Filipenses 4:6: "Não andeis ansiosos por coisa alguma; antes em tudo sejam os vossos pedidos conhecidos diante de Deus pela oração e súplica com ações de graças". O que Deus espera de nós é que depositemos nossa fé, esperança e preocupação nele, pois sabe que a ansiedade nos causa muito mal. Deus nos diz que não devemos andar ansiosos com nossas necessidades físicas, como roupa e comida, e Jesus nos garante que Nosso Pai Celestial vai cuidar de nossas necessidades, conforme está escrito em Mateus 6:25-34. Portanto, não temos que nos preocupar com nada, e sim saber que Ele nos ama e tem prazer em nos abençoar.

O propósito do mal é fazer o que está escrito em João 10:10: matar, roubar e destruir. O mesmo versículo, porém, garante que Cristo veio para trazer vida, e vida com abundância, a qual não é somente material e financeira, mas também está contida na saúde, nas emoções, no casamento e na família.

E como as pessoas irão buscar isso no Senhor se não são ensinadas para tal? As crianças não aprendem sobre valores, respeito, educação e, principalmente, Deus, crescendo sem limites e sujeitas a terem sérios problemas para si e suas famílias.

Vejo crianças que, com dois anos de idade, as mães já colocam em suas mãos um celular para elas se distraírem ou se acalmarem. As próprias mães buscam vídeos na internet, de desenhos ou qualquer outro tipo, para que prendam a atenção dos filhos e, assim, elas e os pais possam passar horas bisbilhotando nas redes sociais. Não estou dizendo que eles não podem fazer isso, mas as crianças estão ficando de lado, sendo educadas pela internet.

Recentemente, estive acompanhando uma amiga em um centro psicológico especializado, em Cuiabá, e pudemos observar a quantidade de crianças, adolescentes e jovens buscando terapias, acompanhamentos e tratamentos, pois muitas vezes os pais nem sabem por onde começar. Não são poucos os casos de jovens pensando, desejando ou cometendo suicídio. O que aconteceu com o valor da vida, com o prazer de viver? Podemos estar convivendo com pessoas com os mais diversos sintomas de ansiedade ou, ainda, nós mesmos podemos estar com inúmeros sintomas e não os percebemos. Por isso apresento a lista a seguir com inúmeros sintomas dessas doenças, para que, no mínimo, possamos ficar alertas e, assim, buscar alguma forma de corrigi-los.

Sintomas da ansiedade

Os sintomas de transtorno de ansiedade muitas vezes são confundidos com estresse do cotidiano e acabam sendo ignorados em sua gravidade. Esses sintomas não escolhem idade, gênero nem situação financeira e precisam ser tratados com seriedade.

- Preocupações, tensões ou medos exagerados, impossibilitando o relaxamento.
- Sensação contínua de que um desastre ou algo muito ruim vai acontecer.
- Inquietações exageradas com saúde, dinheiro, família ou trabalho.
- Medo extremo de algum objeto ou situação em particular.
- Temor exagerado de ser humilhado publicamente.
- Falta de controle sobre pensamentos, imagens ou atitudes, que se repetem independentemente da própria vontade.
- Pavor depois de uma situação muito difícil.
- Taquicardia.
- Pressão torácica.
- Desconforto respiratório.
- Sudorese geralmente frio.
- Formigamento.
- Tensão muscular.
- Dificuldade para relaxar.
- Dores musculares.
- Cefaleia.
- Tontura.
- Tremedeira.
- Secura na boca.
- Náusea.
- Diarreia.

Como controlar a ansiedade

Para controlar a ansiedade, pode-se tomar remédios receitados por um médico que ajudem a diminuir alguns dos sintomas, além de usar plantas medicinais que têm efeito calmante e, se necessário, fazer acompanhamento com o psicólogo. Buscar ajuda e aconselhamento espiritual também podem ser atitudes que ajudam a aumentar a fé, auxiliando em todas as áreas da vida.

A principal saída para a cura da ansiedade, porém, é se conscientizar de que é ansioso e lutar a todo momento contra a sua natureza e sua mente. Quando eu estava ansiosa, indagava para mim mesma: "Adelires, por que você está ansiosa?". E dava-me uma ordem: "Pare com isso! Você não precisa disso!". O que também muito me ajudou e me fez parar com os medicamentos foi seguir o conteúdo do livro de minha autoria, *33 conselhos para uma vida saudável* (publicado pela Ágape, editora do Grupo Novo Século), o qual me foi transmitido pelo Espírito Santo de Deus.

Acima de tudo, consegui olhar para mim mesma e perguntar "O que de fato vale a pena?", "Posso deixar esta louça para amanhã e dormir mais cedo?", "Posso caminhar mais uns minutinhos?", "Posso tomar mais este cafezinho tranquilamente?", "De que forma posso ser mais feliz?", "O que, de fato, me traz alegria?".

Nós precisamos valorizar o que nos faz bem, pois o próprio Deus quer uma vida abundante e feliz para nós. Existe um texto criativo circulando na internet que, apesar de não ter embasamento bíblico, vale a pena usar como reflexão, pois apesar de Deus não errar, como diz o texto, ilustra como somos especiais para Ele.

Quando Deus fez a mulher já estava nas horas extras de seu sexto dia de trabalho.

Um anjo apareceu e perguntou:

– Senhor, por que gasta tanto tempo com esta criatura?

O Senhor respondeu:

– Você viu a folha de especificações dela? Ela deve ser completamente flexível, porém não será de plástico; deve ter mais de duzentas partes móveis, todas arredondadas e macias e deve ser capaz de funcionar com uma dieta rígida, ter um colo que possa acomodar quatro crianças ao mesmo tempo, ter um beijo que possa curar desde um joelho raspado até um coração ferido...

O anjo ficou maravilhado com os requisitos e indagou, curioso:

– E este é somente o modelo Standard? Senhor, é muito trabalho para um só dia, espere até amanhã para terminá-la.

Não. Estou muito perto de terminar, e esta criação é a favorita do Meu coração. Ela se cura sozinha quando está doente; e pode trabalhar 18 horas por dia – o Senhor respondeu.

O anjo se aproximou mais e tocou a mulher.

– Mas a fizeste tão suave, Senhor!

E Deus explicou:

– É suave, porém também forte. Não tens ideia do que ela pode suportar ou conseguir.

– Será capaz de pensar? – perguntou o anjo.

Deus respondeu:

– Não somente será capaz de pensar, mas de raciocinar e negociar; mesmo que pareça ser desligada, ela prestará atenção em tudo o que for importante.

Então, notando algo, o anjo estendeu a mão e tocou a pálpebra da mulher...

– Senhor, parece que este modelo tem um vazamento... Eu Te disse que estavas colocando muitas coisas nela.

– Isso não é vazamento. É uma lágrima – corrigiu o Senhor.

– Para que serve a lágrima? – perguntou o anjo.

– As lágrimas são a maneira de expressar seu amor, sua alegria, sua sorte, suas dificuldades, seu desengano, sua solidão, seu sofrimento e seu orgulho.

Isso impressionou muito o anjo.

– És um gênio, Senhor. Pensaste em tudo. A mulher é verdadeiramente maravilhosa.

– Sim, ela é! A mulher tem forças que maravilham os homens, aguentam dificuldades, carregam grandes cargas físicas e emocionais, porém tem amor e sorte. Sorriem quando querem gritar, cantam quando querem chorar, choram quando estão felizes e riem quando estão nervosas. Lutam pelo que acreditam, enfrentam a injustiça, não aceitam "não" como resposta, quando elas acreditam que há uma solução melhor. Privam-se para que sua família possa ter algo. Vão ao médico com uma amiga que tem medo de ir sozinha. Amam incondicionalmente. Choram quando seus filhos não triunfam e se alegram quando suas amizades conseguem prêmios. São felizes quando ouvem falar de um nascimento ou casamento. Sofrem com a perda de um ser querido, mas são ainda mais fortes quando pensam que já não há mais forças. Sabem que um beijo e um abraço podem ajudar a curar um coração ferido. Porém, há um defeito que não consegui corrigir... **às vezes, elas se esquecem o quanto valem!**

Estresse

Alexandrina Meleiro, médica psiquiatra no Instituto de Psiquiatria do Hospital das Clínicas da Universidade de São Paulo, diz o seguinte:

> Estresse é um termo que se vulgarizou nos últimos tempos. Queixa-se de estresse o homem que chega em casa depois de um dia de muito trabalho, de trânsito pesado e das filas do banco. Queixa-se a mulher que enfrentou uma maratona de atividades domésticas, profissionais e com os filhos. À noite, terminado o jantar, com as crianças recolhidas, os dois mal têm forças para trocar de roupa e cair na cama.

Dr. Drauzio Varella, médico conceituadíssimo, fala da diferença entre canseira e estresse:

> A palavra estresse não cabe nesse contexto [nos exemplos dados por Meleiro]. O que eles sentem é cansaço, estão exaustos e uma noite de sono é um santo remédio para recompor as energias e revigorá-los para as tarefas do dia seguinte[5]

Na verdade, o estresse sempre existiu, desde a Idade da Pedra, claro que em uma proporção diferenciada. Nossos antepassados eram obrigados a lutar pelas suas caças e, diante das ameaças e dos desafios, precisavam utilizar da força física para se defender.

---

5 Disponível em: <https://drauziovarella.uol.com.br/entrevistas-2/estresse>. Acesso em 04/10/2018.

Na atualidade, porém, o estresse moderno é muito diferente daquele do passado. O acúmulo de atividades diárias e com horário marcado, a quantidade abundante de informações nas redes sociais e a obrigação e a cobrança de se manter bem informado têm congestionado a mente de muita gente.

Sabemos que estamos na era digital e quase tudo se resolve on-line, ou seja, possivelmente tudo existe, mas não é concreto. Você pode, por exemplo, ter dez mil reais na conta, e ao mesmo tempo não ver esse dinheiro, já que são feitas tantas transações em casa pelo celular. O mesmo ocorre com as relações interpessoais, muitas amizades em redes sociais, mas poucas pessoas com quem podemos contar. Pelo celular também conversamos, brigamos e nos acertamos sem que olhemos nos olhos. Isso é preocupante, porque os relacionamentos estão esfriando e distanciando-se cada vez mais, e as mentes estão se tornando eletrizadas em uma velocidade absurda.

Segundo a definição dos pesquisadores e escritores Doc Childre e Howard Martin no livro *Emoções mortais*, do Dr. Don Colbert:

> Estresse é uma reação do corpo e da mente a qualquer pressão que interrompa o equilíbrio normal. Ele ocorre quando nossa percepção não corresponde às nossas expectativas e não conseguimos controlar nossa reação à decepção que sentimos.
>
> O estresse – aquela reação incontrolada – expressa-se como resistência, tensão, extenuação ou frustração, tirando-nos do equilíbrio físico e psicológico e mantendo-nos dessincronizados. Se nosso equilíbrio

> for perturbado por muito tempo, o estresse se torna debilitante. Nós enfraquecemos por causa da sobrecarga, sentimo-nos emocionalmente isolados e ficamos doentes. (pp. 22 e 23)

O termo *estresse* significa tensão, extenuação ou pressão mental ou física. É uma reação do corpo e da mente a qualquer pressão que interrompa o equilíbrio normal, isto é, a maneira como nosso corpo processa e libera as emoções e os elementos físicos negativos que experimentamos na vida. As pessoas não somente experimentam suas emoções no *coração* ou na *mente*, mas no corpo e no cérebro.

Eu vivia cansada e fraca, sempre me escorando, pois a impressão que eu tinha é que eu iria cair a qualquer momento. Sempre acordava cansada, como se tivesse dormido muito pouco durante a noite, mas era o acúmulo de estresse que eu vivia, e olha que eu estava na casa dos trinta anos, ou seja, muito nova para estar com uma qualidade de vida tão ruim.

Podemos sentir os efeitos do estresse em diferentes momentos, motivados possivelmente por ansiedade, apreensão e preocupação. Podem ser situações como mudar de emprego ou iniciar um empreendimento, mudar-se para uma casa nova, casar-se, ter um filho, terminar um relacionamento.

Os hormônios trabalham em nosso organismo de forma equilibrada, e sua quantidade certa produz resultados positivos. O endocrinologista Hans Selye, porém, afirmou que medo, ira, preocupação, estresse etc. aumentam o tamanho das glândulas suprarrenais. Ele foi o primeiro pesquisador a ligar o estresse às doenças emocionais pituitárias, dizendo que o excesso de estresse faz a glândula pituitária produzir uma superabundância de hormônios. (in COLBERT, p. 28)

Quando o estresse emocional de longo prazo perdura e atinge níveis crônicos, os resultados desse derrame hormonal no organismo podem ser destrutivos. Essa liberação intensa e contínua de substâncias químicas danifica tecidos e órgãos, resultando em diversas doenças. O corpo, portanto, começa a prejudicar a si mesmo.

Durante uma crise de estresse, os nossos mecanismos de defesa passam a não responder de forma eficaz, aumentando assim a possibilidade de ocorrerem doenças, especialmente as cardiovasculares – e isso foi exatamente o que ocorreu comigo.

Dr. Don Colbert, em seu livro *Emoções mortais* (p. 34), por sua vez, cita dois princípios importantes relacionados ao estresse:

> Precisamos entender as experiências do estresse positivo e do estresse negativo.
> **Princípio 1.** NEM TODO ESTRESSE É IGUAL.
> Tanto a alegria como a tristeza levam ao estresse físico, mas o sofrimento intenso é muito mais prejudicial do que a alegria intensa. As emoções mais prejudiciais são a fúria, falta de perdão, ódio, depressão, ira, preocupação, frustração, medo, pesar e culpa.
> **Princípio 2.** PRECISAMOS APRENDER A DESLIGAR O ESTRESSE.
> O nível de hormônio do estresse no corpo aumenta quando a pessoa não consegue desligar a reação ao

estresse. Uma reação ao estresse só é boa se o indivíduo experimentá-la por um período curto. A reação crônica ao estresse é sempre negativa em longo prazo.

A Bíblia tem resposta para tudo e nos chama a atenção quando registra o seguinte:

> *Acaso, não sabeis que o vosso corpo é santuário do Espírito Santo, que está em vós, o qual tendes da parte de Deus, e que não sois de vós mesmos? Porque fostes comprados por preço. Agora, pois, glorificai a Deus no vosso corpo.* (1Co 6:19-20)

Quando não cuidamos de nosso corpo (se nos alimentamos mal, comemos em excesso e ficamos acima do peso, ou então se desperdiçamos nossas noites em baladas ou usamos drogas), pecamos contra Deus, pois estamos causando danos naquilo que não é nosso – afinal, foi Ele quem nos criou.

Dra. Josiane Buratto, graduada em Psicologia, com formação em Psicanálise e pós-graduada em Obesidade e Emagrecimento, diz que o estresse é uma reação do organismo, e seus fatores podem ser positivos ou negativos, conforme exemplifico a seguir.

Estresse positivo

Embora a palavra estresse significa canseira, desgaste físico e emocional e fadiga. O estresse positivo ocorre em nosso organismo quando respondemos com motivação diante dos desafios do cotidiano. Principalmente no âmbito da competitividade, onde um pequeno nível de estresse faz com que o indivíduo lute mais e em níveis maiores da busca pelo sucesso e que é muito importante para o bom desempenho profissional.

O estresse negativo é o estresse em excesso

O estresse negativo ocorre quando a pessoa ultrapassa seus limites e esgota sua capacidade de adaptação. Seu organismo fica destituído de nutrientes e a energia mental se reduz, prejudicando a produtividade e a capacidade de trabalho. A qualidade de vida do indivíduo sofre danos e ele pode, posteriormente, vir a adoecer.

O estresse produz inúmeros sintomas

O estresse, a longo prazo, produz muitos sintomas e não somente de doenças físicas, mas interfere no relacionamento conjugal, no relacionamento com os filhos, no trabalho e consigo mesmo.

Quando nossa casa estava sendo reformada (nós morávamos dentro da casa em reformas), ao mesmo tempo eu trabalhava fora, fazia faculdade à noite e muitas vezes eu levava a minha filha à faculdade, pois não tinha com quem deixá-la. Foram anos terríveis, pois eu trabalhava muito e ainda tinha que conciliar reforma, criação de filhos e trabalho de conclusão de curso. Eu vivia irritada, aborrecida, cansada e com muitos sintomas no meu físico. O Dr. Don Colbert cita que:

O estresse ao longo do tempo pode colocar nossos órgãos vitais em risco e potencializar inúmeras doenças físicas.

- **Mau humor** - A pessoa fica mal-humorada e se irrita com facilidade.
- **Impaciência** - A sobrecarga impede que o indivíduo consiga absorver a longas conversas e inúmeros problemas ao mesmo tempo.
- **Tontura e dor de cabeça frequente** - A mente cansada produz esgotamento, e as dores de cabeça iniciam ainda pela manhã e podem permanecer por vários dias.
- **Tensão muscular** - Os ombros se tornam rijos e, sem perceber, os dentes são apertados e a mandíbula contraída. No final do dia, a tensão está tão grande que o corpo está dolorido.
- **Taquicardia** - A constante produção e o derramamento de hormônios no nosso organismo (sem necessidade), principalmente a adrenalina, fazem o coração acelerar e surgirem as palpitações.
- **Perda de memória, confusão mental, dificuldade de concentração e labirintite** - Acaba sendo comum não se lembrar do que está fazendo e ter de retornar ao lugar anterior para poder lembrar qual atividade estava executando. Esquecer

onde colocou as chaves, não lembrar mais de datas importantes e nem de número de telefones de pessoas próximas também se torna comum.

- <u>**Depressão e irritabilidade acima do justificável**</u> - Não é comum estar o tempo todo aborrecido. Claro que ninguém está isento de ter problemas e dificuldades, porém o excesso certamente é consequência do estresse.

- <u>**Sensação de desgaste ao acordar**</u> - Ao ouvir o despertador, tem-se a sensação de que o tempo de permanecer na cama foi curto e o corpo responde negativamente. Quem nunca se sentiu mais cansado ao acordar do que quando deitou?

- <u>**Queda de produtividade**</u> - Para pessoas estressadas, é comum adiar tarefas e não conseguir realizar as programadas, e fugir daquelas que exigem esforço físico. Além do mais, acabam tratando mal colegas e clientes, sendo grosseiro nas atividades comuns.

- <u>**Baixa autoestima**</u> - Há quanto tempo não se olha no espelho, ou usa blusões e camisões para não se ver como realmente está? Não se arruma, não se maquia, ou não tira a barba, não corta o cabelo, pois não encontra motivação.

- <u>**Apatia; falta de energia, de ânimo e de interesse**</u> - Nessas condições, a pessoa ainda sente desânimo, desinteresse, frieza, impassibilidade, indiferença, indolência, inércia, insensibilidade, languidez, letargia, marasmo, ociosidade, preguiça. Os filhos, marido ou esposa sentem profundamente os sintomas pois há um profundo desinteresse por lazer ou vida social.

- **Queda de cabelo** - Indivíduos estressados costumam encontrar as escovas de cabelo cheias de fios, bem como o boxe do banheiro.
- **Alergias** - Podem ser coceiras pelo corpo, cascas no couro cabeludo com pequenas feridas e manchas avermelhadas. Alergias sem procedência, que vão e que vêm.
- **Dores de cabeça** - Anoitecer e amanhecer com dores de cabeça e com enxaquecas faz parte da vida de quem é acometido pelo estresse, que deseja fechar os olhos e permanecer quieto por longo tempo.
- **Dores de estômago ou gastrite** - Muito comum, principalmente após períodos de prova ou início de mês, época em que as contas de cartão de crédito devem ser pagas, bem como a escola das crianças, entre outras.
- **Pressão alta** - Tenho uma particular antipatia por essa doença, pois sei que suas causas vão muito além de estresse, como má alimentação e falta de exercícios físicos. A pressão alta é de difícil controle, já que após apresentar os primeiros sintomas ela

deve ser monitorada periodicamente e ainda necessitando de admissão de medicamentos.

- **Herpes** - A herpes é uma doença comum e não tem cura. De acordo com a Organização Mundial de Saúde, estima-se que 3,7 bilhões de pessoas com idade inferior a 50 anos tenham herpes tipo 1. Já no caso da herpes tipo 2, estima-se que 417 milhões de pessoas tenham o vírus na corrente sanguínea. Entrar em contato com alguém infectado aumenta consideravelmente o risco de contágio. Além disso, outros fatores, como traumatismo, estresse e exposição prolongada ao sol e menstruação, favorecem o aparecimento de recidivas. Devido à baixa na imunidade que o estresse provoca, favorece o aparecimento da herpes.

Deus nos criou aptos para resistir a certa carga de pressão e tensão. Fomos criados para produzir, porém os exageros podemos nos causar danos permanentes. Todos nós temos estresse e muitas vezes não conseguimos viver um dia sem ele, porém como reagimos a ele é que ditará o nosso estado posterior. Se conseguirmos controlar as reações, teremos um controle maior dos efeitos colaterais em nosso físico.

Estresse térmico

O corpo experimenta estresse térmico quando passa de uma temperatura para outra. Se estiver fazendo 40 graus do lado de fora e você sair de sua casa, em que o ar-condicionado está ligado, seu corpo experimentará uma mudança drástica, pressionando em seu organismo: o chamado estresse térmico.

Estresse mental

O estresse mental pode resultar da concentração intensa em algo por um longo período, porém sem nenhum progresso em busca da solução. A mente, então, correr solta ao abrigar pensamentos traiçoeiros inspirados pelo diabo.

Quando nosso corpo está nos enviando uma mensagem para que descansemos, esforçamo-nos para fazer o contrário. Se pelo menos após o almoço dormíssemos durante quinze minutos, nosso corpo já estaria melhor para a retomada das atividades.

Estresse físico

O estresse físico ocorre simplesmente porque o nosso corpo se cansa. E isso é normal. Faz-nos bem ir para a cama cedo e tirarmos uma boa noite de sono. O problema é que, além de muitas vezes irmos dormir tarde, nossa mente não desliga.

Eu amava voltar da igreja, tomar uma garrafa de café e pensar (fazia isso pelo menos três vezes na semana). Ah, como eu gostava de pensar, pensar e pensar. Pensava no amanhã, no meu futuro, em como eu seria ou o que faria. Depois de ter ingerido tanta cafeína, dormia pouco, mas para mim o sono era um desperdício, porque meu desejo era permanecer acordada em atividade as vinte e quatro horas do dia.

Acreditava que se eu dormisse ao som de uma música em volume baixinho, ou um louvor gostoso, isso me faria bem e eu relaxaria. Pode até ser que para algumas pessoas funcione por algum tempo, mas faz-se necessário silêncio total e um quarto escuro para que a mente possa descansar e as células se renovem. Mal sabia que estava causando danos ao meu sistema nervoso e pecando contra Deus, pois descuidava do templo e morada do Espírito Santo.

Estresse médico

Muitas vezes, por causa do excesso de atividades e da falta de descanso, ocorre a queda da imunidade. Isso provoca resfriados, dores no corpo, nas articulações e nos músculos. Não devemos exigir além da capacidade do nosso organismo.

Solução para aliviar a carga do estresse

> *Não sabes, não ouviste que o eterno Deus, o Senhor, o Criador dos fins da terra, nem se cansa, nem se fatiga? Não se pode esquadrinhar o seu entendimento. Faz forte ao cansado e multiplica as forças ao que não tem nenhum vigor. Os jovens se cansam e se fatigam, e os moços de exaustos caem, mas os que esperam no Senhor renovam as suas forças, sobem com asas como águias, correm e não se cansam, caminham e não se fatigam.* (Is 40:28-31)

Deus, que tudo criou, não se cansa. É Ele quem dá força àquele que está cansado e ainda multiplica as forças dos que não têm nada. Os que confiam e esperam Nele depositam sua esperança no Criador. Certamente, o Pai faz que os dias de nossa vida sejam transformados em vigor, alegria e muita maturidade para vencer as tribulações.

"O ladrão não vem senão para roubar, matar e destruir; eu vim para que tenham vida e a tenham em abundância", é o que diz em João 10:10. Eu entendo que o inimigo se encarrega de multiplicar todas as nossas dificuldades para que não tenhamos alegria de viver. Sobre a parte do versículo que afirma que Cristo veio para nos dar vida e vida em abundância, porém, creio que teremos essa abundância em todas as áreas na presença do Senhor: na saúde, no casamento, na vida dos filhos, numa boa noite de sono, nas férias, na ingestão de alimentos de qualidade etc. Deus, portanto, não quer que ninguém adoeça, muito menos que permaneça doente.

"Ele é quem perdoa todas as tuas iniquidades; quem sara todas as tuas enfermidades" (Sl 103:3). Está claro, então, que Ele é poderoso para curar tudo, mas devemos fazer tudo aquilo que esteja ao nosso alcance: agir, fazer dieta, terapias, procurar um médico, ter lazer, sorrir, e muitas outras coisas que nos dão prazer.

Depressão

Segundo Drauzio Varella:

> Depressão é uma doença psiquiátrica, crônica e recorrente, que produz uma alteração do humor caracterizada por uma tristeza profunda, sem fim, associada a sentimentos de dor, amargura, desencanto, desesperança, baixa autoestima e culpa, assim como a distúrbios do sono e do apetite[6].

A depressão, porém, como todas as emoções tóxicas, resulta da culpa ou da vergonha e, essencialmente, do coração. O cérebro nunca descansa, ele está sempre em alerta – e para isso foi planejado. Muitas vezes, por exemplo, sonhamos com pessoas que pensamos nunca ter visto. Isso, porém, é um engano, pois na verdade nós as vimos, nós as registramos na mente. Quantas vezes estamos dormindo e repentinamente acordamos com uma congestão, ou febre, dor, ou algo que não vai bem. Nosso cérebro, nosso subconsciente está sempre alerta e nos sinaliza quando algo está fora de ordem.

A depressão é uma doença silenciosa e que pode atingir todas as pessoas, de todas as idades e classes sociais. Em algum momento da vida, todos podem ter tido períodos de depressão sem nem ao menos ter percebido. Essa doença é diferente da tristeza, que é momentânea, surge em um determinado acontecimento – após decepção, raiva, trauma, luto, divórcio – e é normal diante de frustrações.

---

6 VARELLA, Drauzio. Disponível em: <https://drauziovarella.com.br/letras/d/depressao/>. Acesso em: 21 mar. 2018.

A depressão, por sua vez, começa com um profundo desânimo, acometendo as pessoas, que se abatem até não sentirem mais vontade de viver – e isso pode acontecer sem que percebam.

Recentemente, um empresário muito conhecido de Vilhena, passou meses de depressão profunda, sem vontade de sair de casa ou conversar com as pessoas. Ele somente saía do quarto escuro para se alimentar, local em que desejava estar dia e noite. Para nossa tristeza, apesar de ser evangélico, deu cabo de sua vida. Eu digo *apesar*, porque temos os recursos espirituais para buscar aconselhamento, oração, acalento para as dores, porém infelizmente a tristeza o venceu... acabou se enforcando. Creio que ele queria acabar com a sua tristeza, com o seu sofrimento, e não com a sua vida. Que dor é essa que a pessoa não consegue vencer, não vê o fim e parece que nunca acaba?

Em seu livro *Inteligência emocional* (p. 108), o psicólogo Arão Amazonas afirma que a depressão pode causar câncer e doenças do coração. Estudos têm mostrado que os homens são mais fáceis de liberar a raiva, enquanto as mulheres têm mais tendência a suprimi-la. Quando a amargura, o ressentimento, e o ódio não são liberados, isso pode resultar em depressão. As mulheres têm de 10 a 25% mais riscos de desenvolver depressão do que os homens.

A depressão tem várias causas e, das doenças mentais, é a que mais tem atingido pessoas na atualidade. Ela não somente afeta o psicológico e o emocional das pessoas, ela traz uma avalanche de problemas, inclusive inúmeros sintomas físicos sobre os quais falarei a seguir:

Sintomas da depressão

Os sintomas da depressão chegam silenciosamente na vida das pessoas e, por isso, muitas vezes são ignorados. No entanto, além dos sintomas indicarem uma doença emocional que precisa de tratamento, eles indicam questões espirituais profundas que também precisam ser tratadas antes que o mal se expanda na mente. Há cura desse mal (tanto emocional quanto espiritual), há uma saída, mas primeiro precisamos identificar esses sinais.

- **Irregularidade no sono** - Um dos primeiros sintomas da depressão é a insônia, ou então o excesso de sono e de pesadelos.

- **Opressão maligna** - Muitas pessoas são atacadas e oprimidas espiritualmente, pois quando estão depressivas costumam desacreditar de Deus e culpá-Lo por algum mal que possa estar vivendo.

- **Apatia, desinteresse, falta de motivação** - Geralmente, o indivíduo acorda cansado e não tem interesse nem sente prazer em se arrumar, além de se cansar facilmente.

- **Desinteresse pela vida** - A pessoa pode desejar morrer ou tentar suicídio, pois para ela a sua vida é demasiadamente triste e sem prazer algum.

- **Dificuldade de concentração** - Aqueles em depressão apresentam raciocínio mais lento e esquecimento.

- **Humor depressivo ou irritabilidade, ansiedade e angústia** - Tudo irrita quem está em depressão, pois sua ótica é a de que tudo lhe traz tristeza e nada lhe dá prazer.

- **Desânimo, cansaço fácil** - O indivíduo depressivo expressa no rosto sua insatisfação, além de sentir a necessidade de maior esforço para realizar as atividades diárias.

- **Pessimismo** - É caracterizado por ideias frequentes e desproporcionais de culpa, baixa autoestima, sensação de falta de sentido na vida, inutilidade, ruína, fracasso, doença ou morte.

- **Compulsão alimentar ou falta de apetite** - A pessoa depressiva não consegue se alimentar direito, não tem interesse ou desejo pela comida. Ou, então, descarrega na comida sua insatisfação, como uma ansiedade incontrolável.

- **Aparência desleixada** - Há o desinteresse pela aparência física e até mesmo pela própria vida.

- **Sintomas de dores físicas** - Podem ser dores de barriga, má digestão, azia, diarreia, constipação, flatulência, tensão na nuca e nos ombros, dor de cabeça, sensação de corpo pesado ou de pressão no peito, entre outros.

- **Diminuição ou incapacidade de sentir alegria** – Falta ao depressivo o prazer em atividades anteriormente consideradas agradáveis.
- **Falta de vontade e indecisão** – A pessoa acometida pela depressão deixa que os outros decidam por ela, não toma frente de nada, não se impõe ou se destaca.
- **Medo, insegurança, desesperança, desespero, desamparo e vazio** – Estes são os sentimentos mais comuns que fazem parte da rotina de uma pessoa em depressão.
- **Interpretação distorcida e negativa da realidade** – Tudo é visto sob a ótica depressiva; há um tom "cinzento" para si, os outros e o seu mundo.
- **Diminuição do desempenho sexual e da libido** – A pessoa pode até manter atividade sexual, mas sem a conotação prazerosa habitual.

As doenças da alma mais comum nos dias de hoje são: depressão, síndrome do pânico, angústia, baixa autoestima, transtornos de humor, fobias. Quem sofre com algumas dessas enfermidades, normalmente, precisa encontrar a raiz do problema para poder obter a solução que trará a cura. Isso seria razoavelmente fácil. O difícil é identificar essas raízes, pois podem estar na tenra infância, época da qual a pessoa não se lembra, ou em determinadas atitudes, as quais ela nem sabe que teve.

Quando alguém dobra os joelhos para orar e falar a Deus (que é onisciente e onipotente) sobre o que o está incomodando, machucando, ferindo, o que está dentro da sua alma, imediatamente o processo da cura é iniciado. O Senhor tem poder para curar depressão, angústia, tristeza, traumas, resgatar a autoestima e ajudar-nos a ter uma autoimagem positiva de nós mesmos.

A alma, parte imaterial do ser humano, faz-nos ter ciência de nós mesmos. É por intermédio dela que o homem tem intelecto, sentimento e vontade. É o livre-arbítrio (vontade própria) da alma que permite o espírito humano ligar-se a Deus, pois o espírito do homem é sujeito ao homem (alma) (ver 1 Co 14:32).

Há doenças na alma que nós mesmos podemos provocar em nós, e suas causas podem estar ligadas a traumas de infância, frustrações, complexos, má-formação do caráter, más companhias. E isso atinge cristãos e não cristãos, ateus, crédulos ou incrédulos, ou as mais distintas religiões.

Cura da depressão

Existem inúmeras alternativas de tratamento da depressão, as quais podem ser realizadas juntas ou separadamente, cuja duração pode variar conforme cada pessoa. No meu livro *33 conselhos para uma vida saudável* cito diversas sugestões práticas que, associadas a tratamentos existentes, auxiliarão aqueles que são acometidos por essa doença. São elas:

- **Uso de remédios** - O uso de remédios é indicado principalmente nos casos moderados e graves, tendo em vista que, diante da gravidade da situação, antidepressivos são medicamentos que repõem os neurotransmissores no cérebro, como serotonina, dopamina e noradrenalina, os quais, normalmente, estão diminuídos durante as crises de depressão. Essa medicação deve ser utilizada com regularidade após orientação e acompanhamento médico especializado, e sua dose e o tempo de uso podem ser reduzidos. Pode haver ainda acompanhamentos psicológicos, aconselhamento e terapias, os quais darão ótimo resultado.

- **Terapias** - As sessões de psicoterapia, conduzidas por um psicólogo ou psicoterapeuta, são importantes para a resolução de conflitos internos. Sessões periódicas contribuem bastante no processo de tratamento.

- **Terapias alternativas** - São aquelas que complementam as demais, ou seja, que não necessitam de profissionais especializados e que eu mesma acrescentei no livro *33 conselhos para uma vida saudável*, pois me ajudaram na cura. Citarei algumas delas:
  - **Fazer caminhadas periódicas**, que, além de melhorar a oxigenação do corpo, liberam os

hormônios da alegria, ajudam a queimar calorias e distraem a mente. Conforme o percurso da caminhada, pode-se parar para olhar vitrines, admirar praças, jardins e plantas. O foco da doença passa a ficar em segundo plano.

– **Poupar-se**, isto é, não gastar tempo demasiado com tarefas cansativas e que tragam algum desgaste físico, emocional ou mental. Há tempo para tudo; se possível, adie ou mande outros fazerem essas tarefas.

– **Não se cobrar.** Se você não tem conseguido realizar as tarefas costumeiras, como já disse anteriormente, não se preocupe, pois existe tempo para tudo.

– **Falar pouco sobre assuntos desagradáveis**, infortúnios, morte e problemas de terceiros, pois isso é altamente danoso. Portanto, fuja de pessoas que você sabe que são negativas e que não vão acrescentar nada em sua vida ou não o influenciarão positivamente.

– **Beber muita água**, pois, embora pareça de pouca importância, essa atitude é de grande relevância. Listarei alguns benefícios de se beber bastante água. A água nos dá mais disposição, aumentando o transporte de nutrientes por todo o corpo, inclusive para o cérebro, que tem todas as suas funções otimizadas e recebe mais nutrientes. A água ainda aumenta a imunidade ao auxiliar na eliminação das toxinas. Quando o intestino está bem hidratado, a flora intestinal produzirá mais bactérias benéficas, que, por sua vez, auxiliarão na produção de neurotransmissores como a melatonina e a serotonina, que regulam o sono.

– **Divertir-se.** Procure fazer aquilo que lhe dá prazer. Isso não é pecado e você tem direito de se divertir, dar risadas, assistir a uma comédia, passear, tomar banho de piscina. Cada pessoa pode sentir prazer em coisas pequenas, descubra as suas.

A boa notícia é que Deus nos dá novas oportunidades e novos recomeços. E aprendemos a valorizar o bem mais precioso de nossas vidas, que somos nós mesmos. Não existe pessoa mais importante do que você. E o salmo 139:14 diz:

> *Graças te dou, visto que por modo assombrosamente maravilhoso me formaste; as tuas obras são admiráveis, e a minha alma o sabe muito bem; os meus ossos não te foram encobertos, quando no oculto fui formado e entretecido como nas profundezas da terra. Os teus olhos me viram a substância ainda informe, e no teu livro foram escritos todos os meus dias, cada um deles escrito e determinado, quando nem um deles havia ainda.* (Sl 139:14;16)

Deus nos conhece antes mesmo de nos ter formado, e sabe o que está desajustado em nós. Sentimentos ruins nos fazem muito mal e alimentar esses sentimentos não é nada sábio. Por isso, não tenha medo de recomeçar e contar tudo para Aquele que te conhece.

Muitas vezes eu falei para Ele: "Deus, Tu me criaste e me formaste, se porventura existem algumas células desajustadas ou algo em meu organismo que não está exercendo suas funções normais, ou até mesmo minha estrutura emocional, por favor, me recria novamente, me refaça novamente, para que eu possa entender tudo isso que está acontecendo comigo". De fato, Deus me ouviu, e hoje eu sou outra pessoa por dentro e por fora, aquela mulher fraca e medrosa, cheia de dores e sintomas não existe mais, e deu-se lugar para uma mulher forte, compreensiva, saudável e vitoriosa, e assim Deus poderá fazer com você também. Diga para Ele: "DEUS, ME AJUDE". Ele está com os ouvidos inclinados para ouvir você.

Síndrome do Pensamento Acelerado (SPA)

A Síndrome do Pensamento Acelerado é facilmente confundida com a hiperatividade. Augusto Cury, em seu livro *Ansiedade, como enfrentar o mal do século,* diz que:

> Essa perturbadora síndrome produz alguns sintomas semelhantes aos da hiperatividade, mas suas causas são diferentes. Na hiperatividade há um fundo genético; frequentemente, um dos pais é hiperativo. Além disso, a agitação e a inquietação de uma pessoa hiperativa manifestam-se já na primeira infância, em quanto na SPA a inquietação é construída pouco a pouco, ao longo dos anos. Entre as causas do SPA estão o excesso de estimulação, de brinquedos, de atividades, de informação. (2013, p. 46)

O problema dessa síndrome, portanto, não está relacionado ao conteúdo dos pensamentos, que geralmente são interessantes, cultos e positivos, mas sim à sua quantidade e à velocidade com que ocorrem no cérebro – independentemente de classe social, credo ou idade.

Temos de entender que esses registros não dependem de nós e que não podemos simplesmente os apagar para que nunca mais sejam mencionados, deletando-os para sempre. Ao contrário do que fazemos ao registrar algo em nosso celular ou em nosso computador, em nosso cérebro mesmo lembranças dolorosas e difíceis que nos trazem muita dor, eventualmente, vêm em nosso pensamento. E se não temos habilidade de lidar com elas, se não houve perdão, se não houve cura, entramos no processo que chamo de ressentimento. Sentimos de novo aquilo que outrora nos trouxe determinada dor. Ninguém consegue deletar seus medos, fobias, traumas dores, mas a forma como reagimos a eles fará diferença em nossas vidas.

A Síndrome do Pensamento Acelerado é uma bomba contra a qualidade de vida. O excesso de informação tem saturado os pensamentos e adoecido a população. As pessoas estão incapazes de administrar suas emoções e não conseguem se realizar, ter prazer.

Temos acessado quantidades enormes de informação e isso deveria nos fazer bem, mas não é o que tem acontecido. Necessitamos cada vez mais de riqueza, sucesso, bens, consumo, os quais nos trazem migalhas de prazer e alegria. As simples coisas da vida, como a natureza, os jardins, os animais, as brincadeiras crianças, têm perdido o valor e isto é muito preocupante.

Principais sintomas da SPA

As principais características de uma pessoa com Síndrome do Pensamento Acelerado incluem:

- ansiedade;
- sofrer por antecipação;
- irritabilidade;
- défice de memória ou esquecimento;
- dificuldade para se concentrar;

- pequenos lapsos de memória de forma frequente;
- cansaço excessivo;
- dificuldade para pegar no sono e não conseguir descansar o suficiente;
- inquietação;
- intolerância ao ser contrariado;
- mudança de humor repentina;
- insatisfação constante;
- sintomas psicossomáticos, como dor de cabeça e/ou nos músculos, queda de cabelo e gastrite, por exemplo.

Como tratar a SPA?

Primeiramente, é preciso entender que não existe pessoa mais especial e importante de que você mesmo. Você foi construído de forma maravilhosa. Todos os esforços para que tenha uma vida de excelência não são gastos, e sim investimentos. No meu livro *33 conselhos para uma vida saudável*, dou dicas de como ter ou recuperar a saúde que está em risco ou foi perdida. A base de tudo, porém, é amar a Deus sobre todas as coisas e ao próximo como a si mesmo, conforme lemos em Mateus 22:39. Depois de Cristo, a pessoa mais importante desta vida é você mesmo. Isso não quer dizer que é necessário viver de forma egoísta, mas tenha em mente que se cuidar, investir em si, com atenção especial às emoções para que não adoeça o corpo, é importante.

O tratamento contra a Síndrome do Pensamento Acelerado deve ser orientado por um profissional especializado, como um psicólogo ou psiquiatra, psicoterapeutas e profissionais da área. É fundamental mudar seus hábitos diários, fazer atividade física, ter lazer, atividades relaxantes, ficar sem celular o máximo de tempo possível. Evite trabalhar excessivamente, ou ainda levar trabalho para casa, mesmo que por um determinado tempo. Tenha contato com a natureza, beba bastante água, faça caminhadas, durma em um local silencioso, evite bebidas com cafeína, ande de bicicleta se possível.

Uma passagem muito interessante da Bíblia nos conta uma história que exemplifica claramente muitas coisas.

> *Indo eles de caminho, entrou Jesus num povoado. E certa mulher, chamada Marta, hospedou-o na sua casa. Tinha ela uma irmã, chamada Maria, e esta quedava-se assentada aos pés do Senhor a ouvir-lhe os ensinamentos. Marta agitava-se de um lado para outro, ocupada em muitos serviços. Então, se aproximou de Jesus e disse: Senhor, não te importas de que minha irmã tenha deixado que eu fique a servir sozinha? Ordena-lhe, pois, que venha ajudar-me. Respondeu-lhe o Senhor: Marta! Marta! Andas inquieta e te preocupas com muitas coisas. Entretanto, pouco é necessário ou mesmo uma só coisa; Maria, pois, escolheu a boa parte, e esta não lhe será tirada.* (Lc 10:38-42)

Jesus visita a casa de Lázaro com suas duas irmãs Marta e Maria. Subitamente, Maria sentou-se aos pés de Jesus para ouvi-Lo, usufruir de Sua presença, aprender Dele, pois eram amigos. Marta, porém, ansiosa com as tarefas rotineiras, não percebia que o Mestre Jesus a visitara e estava perdendo um tempo precioso com coisas vãs as quais poderia deixar para depois.

Podemos aprender que existem dois tipos de pessoa: aquelas que se preparam e aproveitam as oportunidades da vida, os bons momentos com família, filhos, pais e no tempo certo; e as ansiosas, que não produzem com qualidade, vivem dia após dia preocupadas com coisas materiais e momentâneas.

A sabedoria de Maria foi ela ter se colocado aos pés de Cristo, abrindo o coração a Ele, buscando conhecê-Lo, deixando suas atividades para depois. Não estou dizendo aqui que devemos postergar em nossas obrigações, mas, se possível, podemos deixar para depois e sempre escolher a melhor parte de tudo.

A vida é tão curta, passa tão depressa... Muitos querem acumular riquezas, fortunas, bens, mas acabam não valorizando as coisas simples. Sermos gratos por tudo o que temos e o que somos certamente nos fará mais felizes, mais humanos, compadecendo-nos das dores alheias.

> *Vinde a mim, todos os que estais cansados e sobrecarregados, e eu vos aliviarei. Tomai sobre vós o meu jugo e aprendei de mim, porque sou manso e humilde de coração; e achareis descanso para a vossa alma. Porque o meu jugo é suave, e o meu fardo é leve.* (Mt 11:28-30)

Deus não coloca carga nem peso nas nossas costas. Se estamos carregando grandes fardos e a caminhada está pesada, certamente fomos nós que trouxemos essas cargas para nossa vida.

Síndrome do pânico

Após preocupação, perfeccionismo, depressão, SPA, ansiedade e estresse, ao meu ver, o pior de todos os sintomas é a síndrome do pânico. Pessoas com síndrome do pânico não veem a cura da doença - como seria o caso, por exemplo, de um braço quebrado ou de um resfriado após aplicação de medicamento.

Aqueles acometidos pela síndrome do pânico sofrem crises independentemente do momento do dia ou do local em que estão. Às vezes elas ocorrem em festas, ocasiões em família, em casa, no trabalho. Eu era muito preocupada, perfeccionista, agitada, ansiosa e, por fim, passei a sentir muitos sintomas associados à síndrome do pânico.

O grande precursor da síndrome do pânico é o medo. Sobre isso, doutor Don Colbert escreve:

> *Quando uma pessoa tem uma crise de medo, o corpo responde com uma reação intensa e aguda ou estresse: a adrenalina é liberada na corrente sanguínea e, imediatamente, mobiliza o corpo para que este entre em seu nível máximo de alerta para fugir ou lutar.*
>
> *Na maioria das vezes, mesmo em casos de medo e fobia intensos, a reação ao estresse não é interrompida assim que a circunstância que causou o medo é resolvida. Em outras, porém, a reação ao estresse não é interrompida e os hormônios do estresse continuam a jorrar pelo corpo. Assim sendo, o sistema cardiovascular ou imunológico pode ser danificado.*

> *A liberação de hormônios do estresse durante uma crise de fobia pode causar palpitações ou frequência cardíaca rápida, pressão alta e outros sintomas cardiovasculares desconfortáveis.* (2013, pp. 115 e 116)

O que acontece conosco se, ao andarmos na rua, um cachorro feroz parte em nossa direção? Nosso sistema nervoso é ativado e lança na corrente sanguínea hormônios que nos darão força para resistir, correr, enfrentar, para que nos livremos daquela situação. Em contrapartida, quando estamos parados com medo ou em pânico, estes mesmos hormônios são lançados no organismo sem necessidade, provocando inúmeros sintomas ruins e potencializando os males nos órgãos que possivelmente ficariam mais vulneráveis. No meu caso, era o coração. Esses hormônios, ao serem lançados em meu organismo, faziam-me ter taquicardia, arritmia, dor no peito, e meu psicológico ficava arrasado, porque logo eu sentia medo da morte, pois todo o meu corpo ficava exausto, então eu precisava ficar horas deitada, até que meu organismo se recuperasse. Achava que imediatamente iria enfartar e morrer.

Sintomas da síndrome do pânico

Uma crise de pânico pode durar minutos e seus sintomas são taquicardia, coração acelerado, medo, sensação de desmaio, tremores, formigamento das mãos, aumento da pressão arterial, suor frio, sensação de morte iminente, entre muitos outros, variando pouco de pessoa para pessoa. O aspecto principal, porém, é o medo frequente e inesperado.

Na maioria das vezes, quem sofre de síndrome do pânico não gosta e não quer ficar sozinho, evitando passear ou viajar, por exemplo, na expectativa de que será acometido por uma crise a qualquer momento.

Em certa ocasião, uma amiga que sofre de síndrome do pânico e claustrofobia me relatou uma crise de pânico que teve. Ao entrar em um supermercado, ela sentiu um súbito aperto no peito e começou a tremer, teve sensação de desmaio e o coração acelerou. Olhou para os lados desesperadamente à procura das portas de saída, pois havia em sua mente o registro de que só estaria segura se percebesse a saída daquele lugar.

As causas exatas da síndrome do pânico são desconhecidas, podendo ser um conjunto de fatores que desencadeiam esse transtorno, desde a genética até um trauma vivido. Depois de muitos estudos, porém, observei que a maioria das pessoas que apresentam sintomas de síndrome do pânico tem ou teve depressão ou ansiedade – esta última o mais comum dos fatores. No meu caso, foram inúmeros acontecimentos que culminaram com esgotamento mental, emocional e físico.

A ansiedade me causou taquicardia e arritmia, e, com elas, depressão, pois acreditava que era cardiopata crônica (o que eu nunca fui!). O desgaste emocional, mental e físico, portanto, provocaram em mim a síndrome do pânico, uma das mais terríveis de todas as doenças emocionais.

Certa vez, uma amiga que era da área da saúde, farmacêutica bioquímica, compartilhou sua experiência comigo, dizendo que estava enfrentando tal problema. Ela, por inúmeras vezes, era levada ao pronto-socorro com crises de pânico achando que iria morrer, que estava com a pressão alta etc. Após realizados todos os exames e procedimentos de atendimento, nada era constatado e ela retornava à sua casa já bem melhor. Ocorre que em uma dessas vezes essa minha amiga permaneceu no hospital, porque realmente estava com pressão alta e teve de ser medicada. Ou seja, de tanto deixar em evidência que estava mal, o psicológico dela passou a acreditar que realmente seu corpo não estava bem, e os sintomas daquilo que tanto ela temia começaram a aparecer.

Existe um versículo da Bíblia que às vezes tenho receio de ler e pensar nele: "Aquilo que temo me sobrevém, e o que receio me acontece." (Jó 3:25). Jó cuidava e amava tanto a sua família, que oferecia sacrifícios a Deus para remissão de seus pecados e de seus filhos. Se caso algum deles tivesse pecado ou feito qualquer coisa contra o Senhor, Jó dava oferta antecipada, com medo de que algo de ruim acontecesse com os seus. Pois bem, Jó perdeu todos os filhos, ficou sem nada e doente. Depois Deus o restituiu tudo o que ele havia perdido, mas isso é outra história.

O interessante é que eu sempre pensava que as pessoas que tinham problemas do coração sofriam muito. E dizia que eu nunca queria isso para mim. Mal sabia que iria passar por tantas coisas...

Ao contrário do que se pensa, porém, existe cura para a síndrome do pânico. Acompanhamento médico aliado a medicamentos é extremamente necessário, mas auxiliam muito terapias alternativas como praticar esportes e estar em meio a pessoas positivas e que o amem – e fugir daquelas negativas e portadoras de más notícias. No meu caso, quando tomei posse e meditava, falava e declarava os versículos bíblicos nos quais havia promessas de cura e saúde vindas de Deus. Eu lutava dia e noite falando alto e crendo que o Senhor estava comigo, e foi assim que venci.

Muitas pessoas não aceitam fazer uso de medicamentos nem recorrer a terapeutas. Eu respeito tudo isso, mas também digo que pedir auxílio não é pecado nem vergonha – e isso deve ser feito por quanto tempo for necessário.

"Ele é quem perdoa todas as tuas iniquidades; quem sara todas as tuas enfermidades" (Sl 103:3). Muitas doenças podem nos acometer em razão de pecados de nossos pais ou de doenças hereditárias. Então, o Senhor perdoa tudo e cura todas as enfermidades. Não existe doença ou problema grande demais para Ele. Eu, então, orava a Deus da seguinte maneira: "Senhor, tua palavra diz que é o Senhor que perdoa as iniquidades e sara todas as minhas enfermidades. Eu creio que tu podes me curar".

> *Certamente, ele tomou sobre si as nossas enfermidades e as nossas dores levou sobre si; e nós o reputávamos por aflito, ferido de Deus e oprimido. Mas ele foi traspassado pelas nossas transgressões e moído pelas nossas iniquidades; o castigo que nos traz a paz estava sobre ele, e pelas suas pisaduras fomos sarados.* (Is 53:4-5)

Cristo já levou sobre si todas as nossas doenças e maldições na Cruz do Calvário. Nós não podemos aceitá-las, portanto, mas ordenar que saiam de nossa vida em nome de Jesus. E mesmo que os sintomas continuem por algum tempo, temos de continuar declarando até que não sintamos mais nada.

O PROCESSO DE TRATAMENTO DE DEUS NA MINHA VIDA FOI LONGO E DOLOROSO

Após muitos exames, foi constado que sofria de um pequeno problema cardíaco chamado prolapso da válvula mitral ou sopro no coração, em que a válvula que separa as câmaras superior e inferior do lado esquerdo do coração não fecha corretamente, podendo fazer uma pequena quantidade de sangue retornar para a cavidade esquerda, dificultando a capacidade desse órgão de bombear o sangue. Na época, os médicos me disseram que eu havia nascido com isso, mas que não iria morrer disso. Segundo os mesmos médicos que visitei, cerca de dez por cento da população possui esse tipo de problema, mas muitos nem sabem, pois não apresentam sintomas físicos. Já outros têm alguns sintomas de pouca expressão e existem aqueles que necessitam de medicamentos e até cirurgias.

No meu caso, a proporção do prolapso não era significativa, porém, devido ao meu quadro de estresse, depressão, síndrome do pânico ansiedade e nervosismo, comecei a sentir arritmia, tonturas ou vertigens, dificuldade na respiração, falta de ar, fadiga, dores nas veias e no coração O tempo todo, então, eu acreditava que iria enfartar e morrer.

Morava comigo a babá de meu filho, uma moça chamada Marcele, que também era cristã fervorosa. Como citei anteriormente, quando eu chegava em casa da igreja, era normal preparar uma garrafa de café bem forte e ficar meditando e conversando sobre o culto, a palavra que havia sido ministrada, planos etc. Com aquela quantidade de cafeína em meu organismo eu ia me deitar, e mergulhava em um mar de pensamentos, sonhos e intermináveis preocupações. Além disso, na época eu sentia necessidade de me casar, ter um companheiro, um amigo.

Foi então que esses pensamentos se tornaram pesadelos. Quanto mais eu me inquietava, mais sentia dores no peito, no corpo e nas veias dos braços, bem como palpitações e taquicardia. A cada sintoma, um desespero, e a cada desespero um sintoma diferente. Fazia eletrocardiogramas, ecocardiogramas, exames intermináveis, mas não diagnosticavam nada que justificasse meu mal-estar. Para mim, os médicos eram burros e incompetentes, pois os sintomas eram reais; logo, a doença deveria ser real.

Todos os cardiologistas da cidade foram visitados por mim. Fui a Porto Velho e depois a Cuiabá. Queria chegar em casa com um diagnóstico definitivo e saber o que eu tinha. Misturavam-se problemas do cotidiano com os problemas de saúde, e eu comecei a fazer campanhas de oração, votos mirabolantes. Buscava milagres e a solução para uma enfermidade que eu acreditava ter. Tinham em mente que estava com uma doença no coração grave e incurável. Quando eu visitava os médicos, dizia a eles que meu coração estava podre, todo estragado, e eles simplesmente riam.

Neste ínterim, conheci meu esposo e nos casamos. Ele me acompanhou algumas vezes nas minhas buscas pela solução dos sintomas cardíacos, mas em nada eu mudava o meu comportamento.

Meus três filhos eram e são bênçãos de Deus em minha vida e a infância deles poderia ter sido melhor se não fossem as cobranças de uma mãe severa, de uma esposa e dona de casa estressada e perfeccionista. Exigia muito deles e de todos. Tudo tinha de ser do meu jeito e perfeito.

Na minha ignorância, achava perda de tempo dormir de dia e afirmava que a noite não precisava existir. Acreditava que precisávamos estar acordados direto, ativos, vivendo intensamente. Talvez você, que está lendo este livro agora, esteja pensando ou já tenha pensado o mesmo.

Existem algumas células do nosso organismo que se renovam somente durante a noite. Quando vamos dormir, descansar, nos desligar das atividades, o nosso organismo se renova, então o corpo de uma pessoa que está energizada mais de doze horas por dia não aguenta. O sistema nervoso e as emoções não aguentam, assim como os amigos, o marido e os filhos. E nem eu aguentei. Foi uma panela de pressão que explodiu. Eu usei e abusei no meu corpo, pequei contra mim mesma e contra Deus.

Não conseguia mais ficar sozinha, pois o medo de passar mal me atormentava. Não tinha condições de buscar minha filha na escola (a apenas dois quarteirões de casa), pois as tonturas eram constantes e achava que iria cair na rua. Se tivesse de ir ao banco, procurava os horários em que havia menos pessoas nas filas, pois a sensação era de que o prédio iria cair. Em minha casa, após colocar as crianças para dormir, eu logo tomava um remédio que me desse sono para, assim, não ver a noite passar.

Em determinada ocasião, quando fui ao supermercado, me vi em meio a todas aquelas pessoas que ali circulavam e comecei a me agitar. Tive a impressão de que as prateleiras se mexiam e iriam cair em cima de mim. Saí daquele local correndo, pois havia tido um ataque de pânico.

O que é mais assustador é que a Bíblia fala claramente sobre quem não cuida do corpo e ainda se esforça para destruí-lo: "Se alguém destruir o santuário de Deus, Deus o destruirá; porque sagrado é o santuário de Deus, que sois vós" (1Co 3:17). Essa destruição, embora pareça assustadora, ocorre todas as vezes em que pratico atos contra mim e que trarão danos à minha saúde, desde má alimentação, falta de exercícios físicos, excesso de peso, até noites maldormidas.

Meus filhos, quando adolescentes, diziam uma frase interessante: "A natureza se encarrega". Isso é preocupante, pois um dia essa mesma natureza vai cobrar os abusos que praticamos contra nós mesmos ou contra outros. Cobrar o quê? Os excessos, as noites mal dormidas, tudo o que fizemos que trouxe prejuízos ao nosso corpo.

"E como recuperar algo que eu mesma danifiquei? Como consertar algo que eu mesma estraguei?", essas eram as perguntas que martelavam a minha mente.

A Bíblia diz o seguinte em 1 Coríntios 6:19: "Acaso, não sabeis que o vosso corpo é santuário do Espírito Santo, que está em vós, o qual tendes da parte de Deus, e que não sois de vós mesmos?". O corpo não é meu, mas é de DEUS. E não posso violar aquilo que não é meu. Eu pequei contra Deus e contra o meu corpo.

> *Respondeu-lhe Jesus: Amarás o Senhor, teu Deus, de todo o teu coração, de toda a tua alma e de todo o teu entendimento. Este é o grande e primeiro mandamento. O segundo, semelhante a este, é: Amarás o teu próximo como a ti mesmo.* (Mt 22:37-39)

Devo amar ao próximo como a mim mesma, mas como vou fazer isso se não me amo, se não me cuido, se não invisto em mim, em bons alimentos, em boas vitaminas, exercícios físicos, descanso, qualidade de vida e, acima de tudo, intimidade com Deus, que gera saúde no meu Espírito?

Muitos podem dizer que para se cuidar e ter qualidade de vida necessitamos de muitos recursos financeiros, e já ouvi que fazer dieta custa caro. Tudo o que adquirimos para melhorar a nossa qualidade de vida não é gasto, e sim investimento para que não venhamos ter que gastar futuramente com medicamentos nem tratamentos de saúde.

Em determinada ocasião, encontrei um senhor, ao qual chamarei de José, que sofria de síndrome do pânico, ansiedade e depressão. Era um homem conhecedor da palavra, muito correto, zeloso e de boas obras. Após algum tempo de aconselhamento, eu disse a ele que o primeiro passo para uma vida saudável era colocar em prática o primeiro mandamento do Senhor, que diz: "Respondeu-lhe Jesus: Amarás o Senhor, teu Deus, de todo o teu coração, de toda a tua alma e de todo o teu entendimento" (Mt 22:37), ou seja, amar primeiramente a Deus, em seguida eu mesma e, depois, o meu próximo como a mim mesma. Com seus olhos arregalados, José citou esse mesmo texto dizendo que entendia que deveria sempre pensar nos outros primeiro. Que ele, como um líder, um pastor, tinha de cuidar das pessoas, não se sentindo bem em se colocar à frente de todos, como se não tivesse esse direito. Aos poucos, fui lhe explicando que se ele não estivesse bem, certamente, não teria condições de cuidar de ninguém. Se não investisse nele mesmo, na alimentação, no descanso, em uma noite bem dormida, férias com a família, tempo de qualidade, não teria equilíbrio nem saúde emocional para cuidar de outros.

As pessoas, principalmente líderes e pastores, sentem-se culpadas e não conseguem tirar uma hora por dia para fazer uma caminhada, andar de bicicleta ou ir à academia. Poderia dizer que há até mesmo algo ruim soprando em suas mentes, dizendo-lhes que não têm este direito. Muitos pensam que deveriam cuidar das ovelhas, orando, consolidando, visitando doentes nos hospitais, lendo a Bíblia. Sim, com certeza temos de fazer isso, porém nada disso é possível se nosso corpo está debilitado. Há ainda aqueles que não se sentem merecedores de realizar algo que lhes dê prazer por acreditar que deveriam ser úteis ajudando ao próximo.

Em outra oportunidade, eu estava na fila do banco e um casal de conhecidos pastores estava logo atrás de mim. Olhei para a esposa dele e vi seu rosto manchado e abatido, as sobrancelhas grossas e desajustadas, as roupas surradas e desbotadas. Ao conversarmos, disse como eu estava bem e falei da importância de nos cuidarmos como casal e família.

Ela começou a compartilhar suas dificuldades com o ministério e o comportamento do marido para com os filhos e em casa. Eles moravam em um distrito no interior da cidade e o rapaz havia prometido pescar com seus filhos adolescentes, porém nunca o fizera por falta de tempo. Além disso, ele tirava dinheiro dos seus sustentos para comprar cestas básicas. Segundo ela, uma vez um membro da igreja foi até a sua casa alegando que não tinha gás e esse pastor simplesmente tirou o botijão de gás do seu fogão e entregou àquela pessoa. A esposa contava isso com ar de reprovação e tristeza, pois estava com olhar triste de desapontamento.

Esse tipo de coisa é uma violência à família, ao casamento e a si próprio, por isso muitas vezes o casamento entra em crise, há frustrações e o desejo de abandonar o trabalho ministerial. Não que não se deva ajudar, pelo contrário, cristãos têm esse dever. No entanto, o necessitado muitas vezes está colhendo o que plantou. Expliquei ao casal que temos o direito de ser felizes, viver bem e que não é pecado nem crime se divertir, passear e ter lazer. E que aqueles comportamentos futuramente trariam más lembranças e traumas para a família.

Eu também fui enganada, muitas vezes, pensando que não tinha direito de dormir após o almoço, que não podia ter lazer e que deveria estar sempre atarefada. Certa vez, eu estava em casa quanto senti vertigem e, no meio da tarde, fui me deitar e cochilei. Acordei com palmas no portão. Ao atender, uma irmã da igreja me questionou dizendo: "Não acredito que você está deitada com este sol quente aí fora!". Como se eu não tivesse o direito de descansar.

Com tudo o que já vivi e experimentei, tanto em busca de profissionais da Medicina como em literatura de autoajuda e espiritual, quero dizer que todos esses tratamentos são importantes. São necessários o acompanhamento por médicos e medicamentos? A minha resposta é sim, pois é preciso fazer um diagnóstico e, muitas vezes, ingerir medicamentos para que a pessoa saia da crise e equilibre as substâncias do organismo. No entanto, se recorrer a tratamento com autoajuda, aconselhamento pastoral e acompanhamento familiar, certamente a cura é segura.

CONCLUSÃO
ENCONTRANDO O CULPADO

Como já disse, o primeiro e grande mandamento é "Amar a Deus sobre todas as coisas e ao próximo como a mim mesmo". Pronto e ponto. Não podemos subtrair esse versículo e grande mandamento de nossa vida, pensando que não sofreremos os danos. Não nos amar é cobrar de nós mesmos algo que não podemos fazer, é não nos darmos o direito do descanso, vivendo com o intuito de agradar a todos em tudo, cumprindo horários, participando de todos os compromissos da igreja, do trabalho, das reuniões. Cobrar de si mesmo algo que é humanamente impossível faz muito mal.

Como culpar a Deus por um dano que eu mesma causei? Quem era o culpado? Alguém tinha de ser o culpado. Colocava a culpa Nele, em Deus. Nas conversas com Ele, argumentava que amava meus filhos, que queria o bem deles e fazia tudo o que podia por eles. Se Deus me amasse, deveria fazer o mesmo comigo, me amar, me cuidar, fazer tudo para que eu fosse feliz. Esse era o meu pensamento. Dizia que Ele era sádico e gostava de ver Seus filhos sofrerem. Colocava-O em um paredão e eu O esmurrava com minhas tristezas, acusando-O de ser o culpado de minhas dores. Buscava louca e desesperadamente a cura. Deus tinha que me curar, Ele precisava me curar, era obrigado a me curar, pois havia sido o culpado de eu estar doente, era o que eu pensava em minhas tolices.

Passava noites e noites chorando compulsivamente, sem que ninguém percebesse, achando que minha vida estava acabada e destruída. E chorava mais ainda quando pedia perdão a Deus pelas besteiras que falava e pensava, porque sempre reconhecia que Ele me amava e queria meu bem. E chorava dobrado por ter ferido o coração do Pai e por estar ferida. Então, eu adormecia fazendo uma única oração, repetida todas as noites: "Deus, me ajude. Deus, me ajude. Deus, me ajude...". Muitas vezes Deus me disse: "Como vou te curar? Por que iria eu te curar? Te curar de quê? Você não tem nada, não tem doença alguma". E novamente em prantos eu anoitecia e amanhecia.

Começamos uma reforma em nossa casa. Em seguida, iniciei o curso de Administração de Empresas e meu esposo começou a cursar Direito. Nossos filhos eram pequenos, a casa estava em construção e a faculdade consumia nossos recursos. Dispensamos a empregada e eu me sobrecarregava em trabalhar fora, cuidar da casa, fazer almoço, estudar à noite, sendo que muitas vezes não tinha com quem deixar as crianças. Hoje, costumo dizer que existe economia sem futuro, e com certeza acumular todas essas tarefas em uma só pessoa com certeza trouxe muitos prejuízos.

O meu estado piorou, porque a carga aumentou. Nas idas e vindas a médicos, um deles me orientou a realizar um cateterismo com ablação, que seria cauterizar os focos de arritmia em meu coração. Não sei como tive coragem para isso, mas fiz o procedimento. No centro cirúrgico, tive um cateter introduzido em minha coxa, na artéria femoral, e que iria até o coração para que pudesse eliminar minhas constantes arritmias.

Quero chamar a atenção do leitor para a gravidade desse ato. Nada disso era necessário. Se eu apenas tivesse parado para ouvir o Espírito Santo... A minha instabilidade e dureza de coração me fizeram muito mal. Corri um risco desnecessário para resolver um problema que na verdade não existiria se tão somente eu tivesse controlado a ansiedade.

Permaneci um dia na Unidade de Tratamento Intensivo e, diferentemente da maioria das pessoas que passam pelo mesmo procedimento e saem andando normalmente, eu saí de cadeira de rodas e fui levada para o quarto do hospital. A situação emocional era tão grave que não havia outra forma para expressar se não na derrota, na cadeira de rodas.

Fiquei alojada durante dez dias na casa do Pastor Geraldo, uma pessoa incrível que nos ajudou muito, pois o médico havia dito que não poderia dobrar a perna e viajar. Passei o tempo todo, então, sentada com a perna estendida. Após os dez dias, chegamos à nossa cidade, e meu coração estava alegre. Rapidinho eu me esqueci da cirurgia e nos envolvemos com o novo trabalho na igreja. Até já me sentia melhor. Ganhávamos pessoas para o Senhor Jesus, e os cultos estavam alegres com as novas vidas chegando.

Um ano após o procedimento do cateterismo, retornei à médica – que, por sinal, era evangélica – para fazer uma nova avaliação. Após uma boa conversa, entendi que na verdade não precisávamos ter feito o procedimento, bastava ter tratado a ansiedade e, com certeza, aos poucos eu estaria corrigindo os transtornos emocionais. Ela me encaminhou a uma psicóloga e a uma psiquiatra. Quando olhei para o encaminhamento, fiquei muito perturbada. Eu apenas pensava: *Então não estou doente... Estou ficando louca!* E em prantos, eu me direcionei para a saída do hospital onde meu esposo me esperava na porta de entrada.

Quando retornei para a minha casa em Vilhena, algumas situações foram mudando, bem como meus pensamentos. Fui entendendo que nunca estive doente de fato e que todos aqueles problemas eu mesma havia provocado em mim. Durante todos aqueles anos, sofri em vão por algo que de fato não existia. E o pior ou o melhor de tudo foi entender que Deus não era o culpado. A única culpada de todas as doenças que eu tive fui eu mesma, com ansiedade, perfeccionismo, estresse, nervosismo, cobranças, preocupação e insegurança.

A queda para o alto

> *A isto ele respondeu: Amarás o Senhor, teu Deus, de todo o teu coração, de toda a tua alma, de todas as tuas forças e de todo o teu entendimento; e: Amarás o teu próximo como a ti mesmo.* (Lc 10:27)

Como alguém pode ser tão insano e imputar algum mal a Deus? O Senhor só é amor, e não existe uma variação no seu caráter. Ele nos ama indistintamente e deseja o nosso bem sempre. No entanto, não podemos deixar de entender que existem princípios que devemos respeitar em todas as áreas de nossa vida. Eu, por exemplo, exagerei nas tarefas diárias e na cafeína, não controlava a ansiedade, era uma pessoa preocupada e nervosa, cobradora, insatisfeita e muito mais, e com o passar dos anos isso trouxe a mim muitos danos.

O mal não pode entrar na minha vida, mas somente o faz quando eu abro uma porta para isso. Tudo em nossa trajetória é uma semente, e tudo o que plantamos certamente vamos colher, só que em proporções ainda maiores. Se você plantar um grão de milho, irá colher uma espiga de milho com aproximadamente seiscentos grãos. Isso é muito sério.

Jó, que tinha tudo – esposa, filhos, riqueza –, era justo e perdeu tudo. Foi então que sua esposa lhe disse: "*Ainda conservas a tua integridade? amaldiçoa a Deus, e morre*" (Jó 2:9). Jó disse a ela que procedia como uma louca, e de fato falava como uma louca, pois não sabia o que dizia.

Eu perdi todas as guerras contra Deus, em todas as lutas fui nocauteada. Todos aqueles anos que O culpei, que O esmurrei e O coloquei num paredão serviram-me para que eu reconhecesse que eu não era nada, que havia sido uma tola, louca em lutar contra Aquele que somente queria o meu bem.

Nos momentos em que os sintomas em meu corpo me afligiam, o meu semblante caía e eu ficava profundamente triste, acreditando muitas vezes que Ele era o culpado, exigindo Dele a solução de meus problemas.

Entendi que precisava de um pastor ou uma pessoa sensível que pudesse me ouvir. Eu queria desabafar, abrir meu coração e falar das minhas descobertas, do meu recomeço, e o meu pensamento dizia: *Preciso confessar o meu pecado*. Foi então que, em uma tarde, procurei um amigo, o Pastor Messias, que já retornou à casa do Senhor. No início da sua conversão ao Evangelho, tive o privilégio de ajudá-lo e disse a ele que eu precisava confessar o meu pecado. Assustado e com os olhos arregalados, ele olhou para mim e perguntou o que estava acontecendo. Disse a ele que o meu pecado era ter acusado a Deus, durante todos aqueles anos, que eu nunca havia estado doente, que a culpa era minha, e não Dele. Em prantos, abri meu coração, dizendo que estava com o emocional, o psicológico e o espiritual zerados. Sabiamente e direcionado por Deus, ele me disse que gostaria que todas as ovelhas dele estivessem como eu, porque quando estamos zerados espiritualmente, desarmados de nossa autoconfiança, soberba e arrogância, Deus começa a ter o devido valor na nossa vida. Pastor Messias faleceu sem saber o bem que me fez com aquelas palavras. E minha vida começou a melhorar.

Quando reconhecemos que precisamos mudar de vida, nos humilhamos em atitude de um novo começo, e então nos preparamos novamente para recomeçar, mais maduros, mais sábios e mais experientes. Somente a partir do momento em que reconheci a minha culpa, me humilhei diante de Deus, clamando o Seu perdão, e me redimi, tudo começou a mudar.

Começamos então um novo trabalho em nossa casa e a realizar os cultos juntamente com alguns irmãos filhos na fé. Nossas crianças ainda estavam pequenas e tínhamos muitos desafios pela frente. Foi então que entendi que aqueles sintomas todos não eram necessariamente físicos, ou seja, eu não estava doente fisicamente de doenças incuráveis, mas sim dificuldades emocionais que refletiam em sintomas ruins no físico. Foi então que comecei a buscar conhecimento e pesquisar nessa área de emoções e sentimentos. Eu já estudava muito e buscava muito conhecimento na área de libertação, cura interior, doenças da alma, mas especificamente cura interior e cura nas emoções eram assuntos um pouco novos para mim. Comecei a ler livros, pesquisar muito, e acabei achando as raízes dos meus problemas.

Lentamente, eu ia melhorando e passei a lutar contra os sintomas, a dar ordens a mim mesma dizendo: "Adelires, para! Pode parar com isso. Você está saudável, não tem doença alguma. Você está ansiosa, porque está preocupada". Eu focava naquilo que dentro de mim me sabotava e ordenava que saísse, como se dentro de mim vivesse uma pessoa, que é a minha alma, lutando contra mim mesma, "a alma cachorra", tentando o tempo todo me sabotar, me colocar para baixo e me desanimar. O Espírito Santo, contudo, também está comigo e diz que sou saudável, que tenho a cura, que Cristo já levou sobre si todas as minhas doenças, e que devo esperar e confiar em Deus.

Quando entendi isso, comecei a lutar contra toda a negatividade e a tomar posse da Palavra de Deus, que me garante vitórias em tudo. São exercícios diários e constantes e que funcionam. Aquilo que está mais forte dentro de mim vai me dar ordens, vai me comandar. Se a alma está derrotada, depressiva, todo o corpo vai se portar assim. Ao contrário, se temos as verdades de Deus e isso está vivo dentro de nós, então a vida Dele sobrepõe a derrota.

Quero fazer um alerta aqui. Você, que lê este livro, se está passando por problemas semelhantes ou se alguém da família os está vivenciando, são importantíssimos o apoio dos familiares e a compreensão de que o enfermo precisa de atenção, precisa saber que é amado, que é importante e que as doenças vão passar, que ele será curado em breve e que tudo ficará bem. É preciso falar todos os dias a ele que essa é apenas uma fase, que a cura virá, pois muitas vezes ele mesmo não acredita nisso (nem você). Essa, porém, é uma verdade, pois a Bíblia relata em 2 Coríntios 4:16-17:

> *Por isso, não desanimamos; pelo contrário, mesmo que o nosso homem exterior se corrompa, contudo, o nosso homem interior se renova de dia em dia. Porque*

a nossa leve e momentânea tribulação produz para nós eterno peso de glória, acima de toda comparação.

Todos os dias, declare que a cura é possível, até que você mesmo e a pessoa acreditem, pois "o choro pode durar uma noite, mas a alegria vem ao amanhecer". É o que diz a Palavra de Deus em Salmos 30:5.

A nossa confiança está em Deus

"Humilhai-vos, pois, debaixo da potente mão de Deus, para que a seu tempo vos exalte; lançando sobre ele toda a vossa ansiedade, porque ele tem cuidado de vós" (1Pe 5:6-7). Se os Cristãos soubessem o significado desses versículos, certamente pelo menos metade da população não estaria nos consultórios de psicólogos, psicanalistas, cardiologistas e muito mais. Uma das maiores causas de doenças emocionais é a ansiedade, que tem destruído vidas, casamentos, saúde, famílias. No meu entendimento, ela é como um fantasma que está perto de nós sem que percebamos; quando a descobrimos, já causou muitos males.

Não temos que temer o maligno (que causa muitos males em nossas vidas), pois ele está debaixo de nossos pés.

> *O Espírito do Senhor Deus está sobre mim, porque o Senhor me ungiu para pregar boas-novas aos quebrantados, enviou-me a curar os quebrantados de coração, a proclamar libertação aos cativos e a pôr em liberdade os algemados; a apregoar o ano aceitável do Senhor e o dia da vingança do nosso Deus; a consolar todos os que choram e a pôr sobre os que em Sião estão de luto uma coroa em vez de cinzas, óleo de alegria, em vez de pranto, veste de louvor, em vez de espírito angustiado; a fim de que se chamem carvalhos de justiça, plantados pelo Senhor para a sua glória.* (Is 61:1-3)

O Espírito Santo de Deus está sobre nós, nos consolando e dando direção, esperança e alegria, além do poder para arrancar fora todo mal que tem nos oprimido. E ainda diz que derramaria óleo de alegria sobre todos os que O buscam.

Há uma passagem bíblica fantástica em Mateus 6:26-34:

> *Observai as aves do céu: não semeiam, não colhem, nem ajuntam em celeiros; contudo, vosso Pai celeste as sustenta. Porventura, não valeis vós muito mais do que as aves? Qual de vós, por ansioso que esteja, pode acrescentar um côvado ao curso da sua vida? E por que andais ansiosos quanto ao vestuário? Considerai como crescem os lírios do campo: eles não trabalham, nem fiam. Eu, contudo, vos afirmo que nem Salomão, em toda a sua glória, se vestiu como qualquer deles. Ora, se Deus veste assim a erva do campo, que hoje existe e amanhã é lançada no Portanto, não vos inquieteis, dizendo: Que comeremos? Que beberemos? Ou: Com que nos vestiremos? Porque os gentios é que procuram todas estas coisas; pois vosso Pai celeste sabe que necessitais de todas elas; buscai, pois, em primeiro lugar, o seu reino e a sua justiça, e todas estas coisas vos serão acrescentadas. Portanto, não vos inquieteis com o dia de amanhã, pois o amanhã trará os seus cuidados; basta ao dia o seu próprio mal.*

Jesus descreve como Ele é a provisão para os pássaros e até mesmo para as plantas que criou, e ainda nos confronta, perguntando-nos se não temos maior valor para Ele. Somos desafiados a olhar para os lírios do campo, cuja beleza é de espantar. Jesus ainda declara que Ele mesmo, o Eterno, sabe que temos necessidades – Deus sabe que precisamos nos vestir e nos alimentar todos os dias. E ainda nos dá um conselho para que busquemos em primeiro lugar o Seu Reino e a Sua Justiça, e todas as outras coisas nos seriam acrescentadas. Ou seja, tudo de que necessitamos e o que desejamos ele nos dará.

"Agrada-te do Senhor, e ele satisfará os desejos do teu coração." (Sl 37:4). Esse texto é maravilhoso. Se todos tomassem essa palavra como verdade, confiando nela, creio que muitas das aflições cessariam.

A nossa segurança está em Deus

Entendo sim que existem tratamentos médicos e que eles são muito importantes, e que terapias e psicoterapias contribuem muitíssimo para a solução das doenças emocionais, mas quero dizer aqui que o mais importante de tudo é nos aproximarmos de Deus, que nos conhece desde quando ainda não tínhamos forma, ou seja, desde quando ainda estávamos em Seu pensamento. Deus conhece toda a nossa história desde o ventre até os últimos dias, e precisamos entender que Ele nos ama e quer nos dar vida abundante.

> *Pois tu formaste o meu interior, tu me teceste no seio de minha mãe. Graças te dou, visto que por modo assombrosamente maravilhoso me formaste; as tuas obras são admiráveis, e a minha alma o sabe muito bem; os meus ossos não te foram encobertos, quando no oculto fui formado e entretecido como nas profundezas da terra. Os teus olhos me viram a substância ainda informe, e no teu livro foram escritos todos os meus dias, cada um deles escrito e determinado, quando nem um deles havia.* (Sl 139:13-16)

> *Uma coisa peço ao Senhor, e a buscarei: que eu possa morar na Casa do Senhor todos os dias da minha vida, para contemplar a beleza do Senhor e meditar no seu templo. Pois, no dia da adversidade, ele me ocultará no seu pavilhão; no recôndito do seu tabernáculo, me acolherá; elevar-me-á sobre uma rocha. Agora, será exaltada a minha cabeça acima dos inimigos que me cercam. No seu tabernáculo, oferecerei sacrifício de júbilo; cantarei e salmodiarei ao Senhor.* (Sl 27:4-6)

Na Bíblia há resposta para tudo. A seguir, o leitor poderá ler alguns textos que podem aliviar os problemas que muitos vivem.

Ansiedade

E por que andais ansiosos quanto ao vestuário? Considerai como crescem os lírios do campo: eles não trabalham, nem fiam. Eu, contudo, vos afirmo que nem Salomão, em toda a sua glória, se vestiu como qualquer deles. Ora, se Deus veste assim a erva do campo, que hoje existe e amanhã é lançada no forno, quanto mais a vós outros, homens de pequena fé? Portanto, não vos inquieteis, dizendo: Que comeremos? Que beberemos? Ou: Com que nos vestiremos? Porque os gentios é que procuram todas estas coisas; pois vosso Pai celeste sabe que necessitais de todas elas; buscai, pois, em primeiro lugar, o seu reino e a sua justiça, e todas estas coisas vos serão acrescentadas. Portanto, não vos inquieteis com o dia de amanhã, pois o amanhã trará os seus cuidados; basta ao dia o seu próprio mal. (Mt 6:28-34)

Aflição

Muitas são as aflições do justo, mas O Senhor de todas o livra. (Sl 34:19)

Consolo

O Senhor é a minha luz e a minha salvação; de quem terei medo? O Senhor é a fortaleza da minha vida; a quem temerei? Quando malfeitores me sobrevêm para me destruir, meus opressores e inimigos, eles é que tropeçam e caem. Ainda que um exército se acampe contra mim, não se atemorizará o meu coração; e, se estourar contra mim a guerra, ainda assim terei confiança. Uma coisa peço ao Senhor, e a buscarei: que eu possa morar na Casa do Senhor todos os dias da minha vida, para contemplar a beleza do Senhor e meditar no seu templo. Pois, no dia da adversidade, ele me ocultará no seu pavilhão; no recôndito do seu tabernáculo, me acolherá; elevar-me-á sobre uma rocha. Agora, será exaltada a minha cabeça acima dos inimigos que me cercam. No seu tabernáculo, oferecerei sacrifício de júbilo; cantarei e salmodiarei ao Senhor. (Sl 27:1-6)

Perto está o Senhor dos que têm o coração quebrantado, e salva os de espirito oprimido. (Sl 34:18)

Ainda que eu ande pelo vale da sombra da morte, não temerei mal nenhum, porque tu estás comigo; o teu bordão e o teu cajado me consolam. (Sl 23:4)

Sabedoria

Filho meu, se aceitares as minhas palavras, e esconderes contigo os meus mandamentos, para fazeres atento à sabedoria o teu ouvido, e para inclinares o teu coração ao entendimento; e, se clamares por inteligência, o, e por entendimento alçares a voz; se buscares a sabedoria como a prata e como a tesouros escondidos a procurares, então entenderás o temor do Senhor, e acharás o conhecimento de Deus.

Porque o Senhor dá a sabedoria; e da sua boca vem o entendimento e a sabedoria. (Pv 2:1-6)

Esperança

E o Deus da esperança vos encha de todo o gozo e paz no vosso crer para que sejais ricos de esperança no poder do Espírito Santo. (Rm 15:13)

Lágrimas

Pois livraste da morte a minha alma, das lagrimas, os meus olhos, da queda, os meus pés. (Sl 116:8)

E lhes enxugará dos olhos toda lágrima; e a morte já não existira, já não haverá luto, nem pranto, nem dor, porque as primeiras coisas passaram. (Ap 21:4)

Libertação

Porque o pecado não terá domínio sobre vós; pois não estais debaixo da lei, e sim da graça. (Rm 6:14)

Restauração

Ora, o Deus de toda a graça, que em Cristo vos chamou à sua eterna glória, depois de terdes sofrido por um pouco, ele mesmo vos há de aperfeiçoar, firmar, fortificar e fundamentar. (1Pe 5:10)

Recompensa

Tornou Jesus: Em verdade vos digo que ninguém há, que tenha deixado casa, ou irmãos, ou irmãs, ou mãe, ou pai, ou filhos, ou campos, por amor de mim e por amor do evangelho, que não receba, já no presente o cêntuplo de casas, irmãos, irmãs, mães, filhos e campos, com perseguições e no mundo por vir, a vida eterna. (Mc 10:29-30)

Prosperidade

O que trabalha com mão remissa empobrece; mas a mão dos diligentes vem a enriquecer-se. O que ajunta no verão é filho sábio; mas o que dorme na sega é filho que envergonha. (Pv10:4,5)

Proteção

Elevo os olhos para os montes: de onde me virá o socorro? O meu socorro vem do Senhor, que fez o céu e a terra. Ele não permitirá que os teus pés vacilem; não dormitará aquele que te guarda. É certo que não dormita, nem dorme o guarda de Israel. O Senhor é quem te guarda; o Senhor é a tua sombra à tua direita. De dia não te molestará o sol, nem de noite, a lua. O Senhor te guardará de todo mal; guardará a tua alma. O Senhor guardará a tua saída e a tua entrada, desde agora e para sempre. (Sl 121)

Alegria

O justo se alegra no Senhor e nele confia; os de reto coração, todos se gloriam. (Sl 64:10)

Celebraremos com júbilo a tua vitória e em nome do nosso Deus hastearemos pendões; satisfaça o Senhor a todos os teus votos. (Sl 20:5)

Por fim, Provérbios 23:7 nos diz: "Porque, como ele pensa consigo mesmo, assim é [...]". Assim como você se imagina, se planeja, se vê, assim você vai ser. Como você se projeta, o que quer alcançar para a sua vida, assim será. Quando estamos pensando em como seremos, nada mais estamos fazendo do que profetizando. E a Bíblia diz que assim seremos.

Então, está na hora de recomeçar e planejar, sonhar e declarar que será uma mulher ou um homem de honra, de excelência, incrível, respeitado, profissional resolvido e bem-sucedido, pai e mãe orgulhoso de si mesmo, destemido. Dessa maneira, chegará à velhice com dignidade e saberá que escreveu a história que foi planejada. E todas as experiências vividas serão oportunidades de aprendizado e crescimento que certamente influenciarão positivamente outras pessoas.

Meu desejo a você, que está lendo este livro e que de certa forma se identificou com algum trecho dele, é que encontre a cura e a saúde de Deus para a sua vida, em nome de Jesus. Esta é a resposta para tudo, confiar em Deus e crer que Ele é a solução para tudo.

Um grande abraço daquela que esteve no fundo do poço, mas que venceu e hoje não toma medicamento algum, a não ser vitaminas e suplementos alimentares.

REFERÊNCIAS

AMAZONAS, Ester. *Inteligência emocional feminina.* São Paulo: Semente de Vida, 2013.

BÍBLIA João Ferreira de Almeida Atualizada. Disponível em: <http://biblia.com.br/joao-ferreira-almeida-atualizada/>. Acesso em: 24 set. 2018.

BRUNA. Maria H. Varella. *Depressão.* Disponível em: <https://drauziovarella.com.br/letras/d/depressao/>. Acesso em: 21 mar. 2018.

COLBERT, Dom. *Emoções mortais.* São Paulo: Central Gospel, 2013.

CURY, Augusto. *Você é insubstituível.* Rio de Janeiro: Sextante, 2002.

_____. *Revolucione sua qualidade de vida.* Rio de Janeiro: Sextante, 2002.

_____. *Ansiedade: como enfrentar o mal do século.* A Síndrome do Pensamento Acelerado. São Paulo: Saraiva, 2013.

_____. *Armadilhas da mente.* São Paulo: Arqueiro, 2013.

DICIONÁRIO Aurélio. <https://dicionariodoaurelio.com/rancor>. Acesso em: 20 mai 2018.

JAKES, T. D. A *dama, seu amado e seu senhor*. São Paulo: Mundo Cristão, 1999.

LUCAS, Miguel. *Transtorno de Ansiedade Generalizada: sintomas, causas e tratamento*. Disponível em: <http://www.escolapsicologia.com/transtorno-de-ansiedade-generalizada-sintomas-causas-e-tratamento/>. Acesso em: 4 mar. 2018.

SCHREIBER, David Servan. *Curar o stress, a ansiedade e a depressão sem medicamentos nem psicanálise*. São Paulo: Sá, 2004.

TUA SAÚDE. *Como identificar e tratar a Síndrome do Pensamento Acelerado*. <https://www.tuasaude.com/sindrome-do-pensamento-acelerado/>. Acesso em: 19 jun. 2018.

FONTE: Goudy Old Style